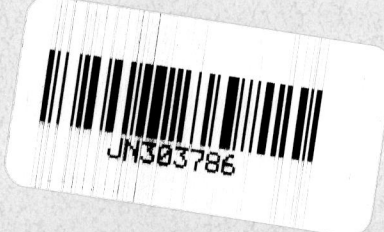

イラスト版 子どものお手伝い

子ども研究所［編］
［監修］谷田貝公昭
［目白大学名誉教授］
村越 晃
［元目白大学教授］

子どもとマスターする49の生活技術

合同出版

まえがき

　お母さま方の集まりで、「お子さんはお手伝いをしていますか」と尋ねますと、
「言ってもなかなかやらないんです」
「必要性はわかるのですが、勉強の方が大切ですから」
「モタモタしていて待っていられないんです」
「仕上がりが悪くて二度手間ですから」
「きちんとできるようになってからやらせます」
「お手伝いは何をやらせたらいいんですか？」
「どのようにやらせたらいいんですか？」
　という答えがよく返ってきます。お母さま方のお手伝いに対する考え方もそれぞれ違うようですが、なかでも最後の二つの答えが多いようです。

　そこでこの本では、幼児の頃から家の中のお手伝いをすることの意義や、それぞれの年齢にあった仕事・作業の紹介、周囲にいる大人がどのようにやり方を教えたらよいのかを細かく解説しました。執筆者はすべて、保育所・幼稚園の保育、小学校教育の現場に長年携わっている方々です。

　私たちの日常生活は基本的に衣・食・住という生活パターンで組まれていますので、その中から子どもができる仕事を取り上げ、次の五つのカテゴリーに分類して構成しました。

　◎小さい時からお手伝い

　お手伝いも幼児の頃からその習慣を身につける必要があります。そこでスタートの時期を3歳児くらいにおき、そのお手伝いの内容や意義がまず書かれています。

　◎衣食住の基礎

　生活の中には様々な技術が存在し、またそれを身につけていく必要性があります。生活技術が次々に身につき向上していくことは子どもにとって楽しみでもあり大きな自信となっていきます。

　◎毎日の習慣に

　継続は力なりとも言います。一つの仕事を任せられ責任を持ってやり続けることは大切なことです。

　◎自分のことは自分で

　自分のことをやるのはお手伝いの範疇に入らないかもしれません。しかし、自分のことがきちんとできない子どもたちが増えている現在、他人の手を借りることなく自分のことがきちんとできることは大切なことです。自分のことができなければ当然、家族や他人との関わりあいが生ずるお手伝いもできません。

　◎子どもは社会の一員

　年中行事や周年行事など家族全員で取り組んでやることがあります。そのときに一緒に行動することは家族としての結びつきを特に強くします。また、家族の中での自分の存在を認識する機会でもあります。

　以上五つの構成になっていますが、子どもの年齢や家族構成などによって、このお手伝いの項目の中から自由に選んでください。そして子どものお手伝いの内容を豊かにしてください。

　子どもは、それぞれの生活体験を通していろいろなことを学んでいきます。お手伝いを通して子どもたちが成長されることを願うものです。本書が皆様のお役に立てば幸いです。

contents

もくじ

1 洗濯の補助

アドバイス

洗濯というと、子どもにはむずかしいと思われるかもしれませんが、衣類を洗ってきれいにすることのほかに、汚れた衣類を運ぶ、洗ったものを干す、乾いたらたたむという作業も含めると、小さい子どもでもお手伝いできることはたくさんあります。

子どもにとっては、お手伝いというより遊びに近いものだと思いますが、はじめはそれで十分です。脱いだ衣服を洗濯機まで運ぶことも喜んでやるでしょう。

できたらその場でほめ、またやりたいという気持ちにさせましょう。洗濯物を洗う、干す、たたむことも年齢に関係なくやらせましょう。親がやっているところに呼んで、話をしながら興味をもたせ、少しずつお手伝いに参加させるとよいでしょう。

1 脱いだ衣服をかごに入れる

●お風呂の前に

衣服は自分で脱ぎます。

●脱いだらかごに

脱いだ衣服は簡単にたたみ、
脱衣かごに入れます。

2 汚れたものは洗濯機まで運ぶ

●汚れものをまとめる

脱いだ衣服を洗濯機の近くまで運びます。

洗濯機の横のかごに洋服を入れます。

3 ハンカチやくつしたを干す

●子どもと一緒に

お母さんのまねをしながら同じように干します。

●ピンチハンガーのほかにも……

このようなタイプも干しやすいでしょう。

4 自分の洗濯物をたたむ

お母さんと並んで洗濯物をたたみます。

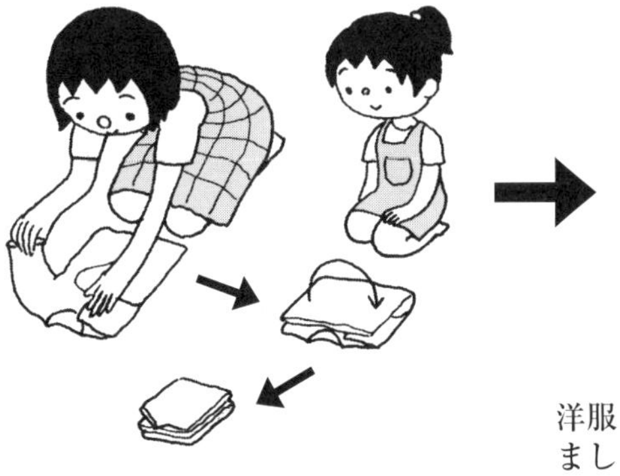

たたみ方をアドバイスします。

洋服もたたませましょう。

5 できたらほめよう

上手にできたわね
あしたもやるね

ポイント

<小さい時からお手伝いをさせよう>

「お手伝いは何歳くらいからさせたらよいですか？」という質問をお母さんたちから受けることがあります。そのような時は、「年齢に関係なく、子どもが興味をもったらどんどんやらせて下さい」と答えています。

子どもが小さいうちは、親子で過ごすことが多いので、お母さんが何かをやっていると一緒についていき、おもしろそうだなと思ったらやりたくなります。その時がチャンスです。

子どもの様子や興味に応じて安全で簡単なことからお手伝いをさせましょう。

② 自分の衣服の片づけ

アドバイス

ひとりで脱ぎ着ができるようになったら、自分が脱いだ衣服をそのままにしないで、たたむ・片づけるなどの習慣を身につけさせるようにします。

脱いだ上着は掛ける場所を決め、外から帰ったら必ずそこに掛けさせます。ハンガーに掛けられない時は、フックが便利です。また、衣服をタンスにしまう時には、必ずたたみ、ズボン、Tシャツ、くつした、下着などはそれぞれ決まった場所に入れさせます。収納する場所や衣服の数を少なくすると片づけやすいでしょう。はじめは、上着がうまく掛けられなかったり、たたんだはずの衣服がぐちゃぐちゃになったりしますが、ときどき、声をかけながら子どもがひとりでできるようになるまで一緒にやりましょう。

1 脱いだ衣服をフックやハンガーに掛ける

●外から帰ったら、脱いだ衣服を片づける

小さな子どもは、はじめはフックのほうが掛けやすいでしょう。

2 衣服をタンスにしまう

●自分の衣服は、たたんでしまう

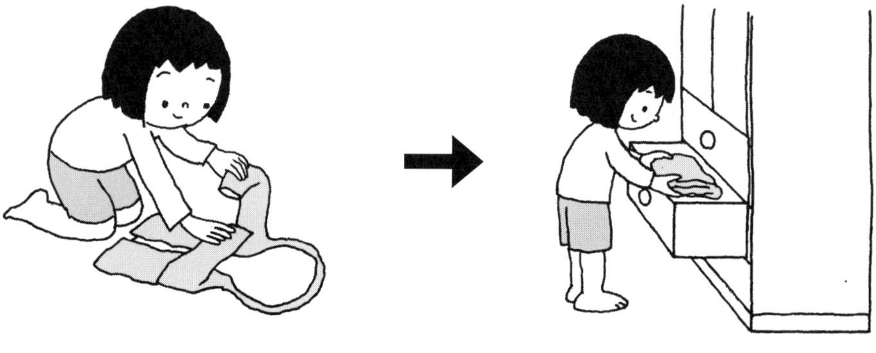

自分の衣服をたたむ習慣をつけます。　決まった場所にしまうように教えます。

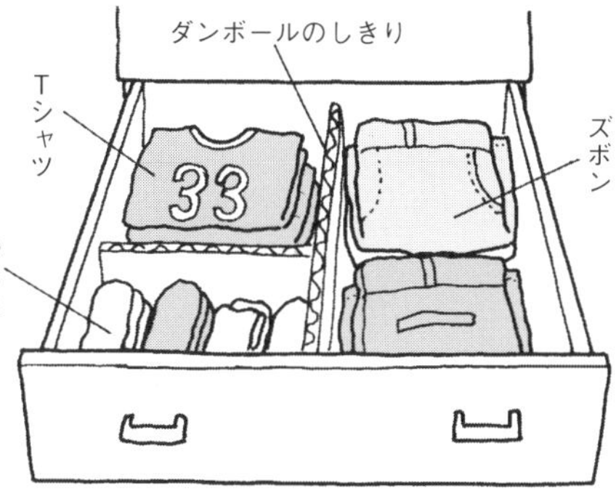

引き出しをTシャツ・ズボン・くつしたと分けてしまわせます。

衣服の数は少ないほうが自分でも整理がしやすいでしょう。

3 寝る時、脱いだ衣服をたたむ

衣服は自分で脱ぎます。

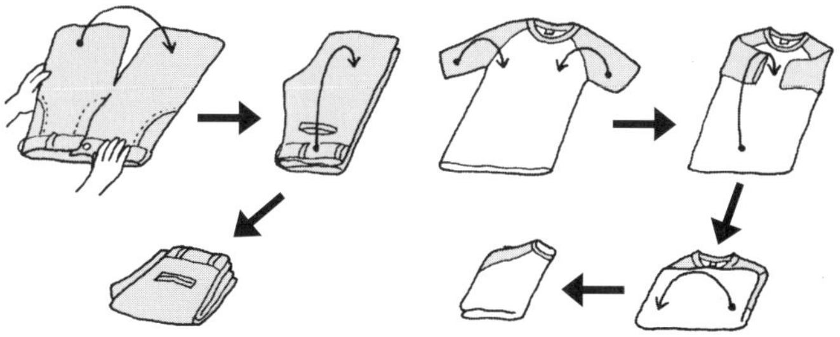

脱いだらたたみます。

4 朝着る衣服を確認してから寝る

明日、この服を着てなにがあるかな？

ポイント

<親が見本を見せる>

お手伝いをさせる時には、必ず親が見本を示し、ポイントを押さえることが大切です。

子どもは最初は親のまねをしながら何回か繰り返すうちにできるようになります。失敗も少なくないでしょうが、もし失敗しても、その時は叱るのではなく、「このようにすればできるよ」と声をかけて子どもと一緒にやりながら教えます。

できた時には少し大げさなくらいたくさんほめてやります。ほめられるとそれが喜びとなり、今後のお手伝いへの動機づけにもなります。

③ 食事の用意と後片づけ

アドバイス

　多くの子どもたちは１歳を過ぎると、「イヤ、自分で食べる」などと言い、食の自立に目覚めます。１歳半頃から、お皿にのった食べ物を手づかみで食べます。右手にスプーンやフォークを持っていながら左手で煮豆をていねいに手づかみで食べたりします。
　３歳ぐらいになると指先がだいぶ器用になってきて大人のまねをしたがり、お手伝いもしたがります。この頃から食器を運ぶ、拭くなどの簡単で危険の少ないことを選んでお手伝いさせましょう。もし落として割ってしまっても叱らずに一緒にやりながらコツを教えましょう。
　子どもは食器が割れるものだと知り、しっかり両手で持たなければいけないことを覚えます。上手にできた時は、たくさんほめて、「ありがとう」と感謝の気持ちを伝えましょう。

① 食器をテーブルに運ぶ

●おはしを並べる

おはしの先を左にして並べます。

●同じ形・大きさの食器を重ねて運ぶ

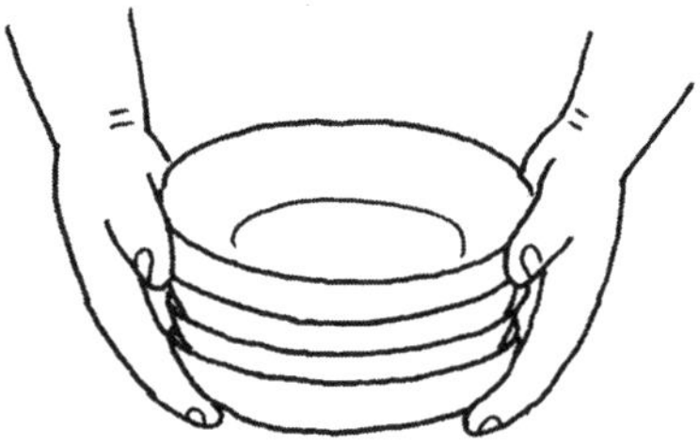

手運びは、あまり高く重ねないで両手でしっかり押さえます。

●ごはんをおぼんで運ぶ

まずは汁気のないごはん運びから慣れさせます。

●家族の所定の所へ食器を並べる

ごはん茶わんはテーブルに向かって左側に、汁わんは右側に

2 食べたあと、食器を片づける

●食器は、汚れの種類別に

油汚れのものは、別にします。

●調味料や食べ残したものは、冷蔵庫に

別の容器に入れて冷蔵庫にしまいます。

●ごみは分別して

魚・肉の骨、貝殻、アルミホイル、ようじなど分別して片づけます。

3 食器を洗う（汚れの少ない物から洗う）

●茶わんの洗い方

汚れている所は小刻みに動かして、その部分を洗います。

内側
▼
へり
▼
外側
▼
糸じり
▼
水道水で洗剤を流す

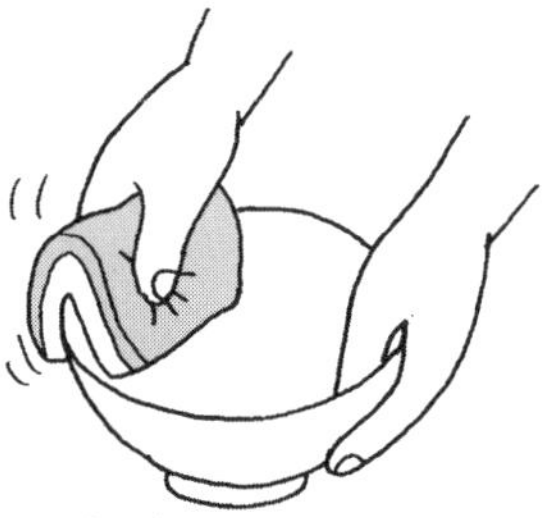

左手で茶わんを持ち右手で力を入れてこすります。

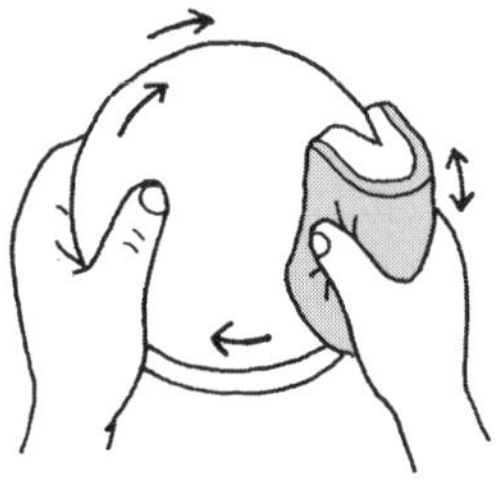

茶わんをまわしながら洗います。できない時は１カ所を２～３回こすったら、まわします。

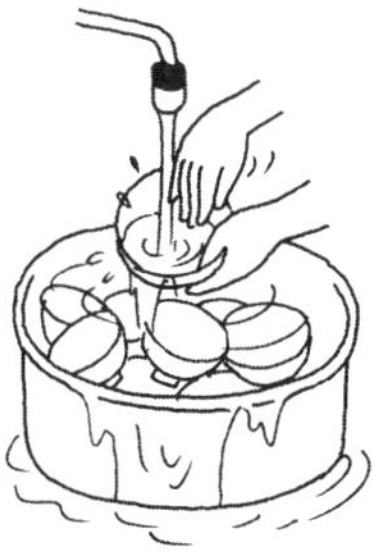

洗剤で洗った場合、水をはったおけに食器を入れて洗剤を落としてから水道水で流します。

4 食器を拭く（水切りしてから拭く）

●皿を拭く

回す
▼
位置換え
▼
手を離す
▼
回す
▼
繰り返す

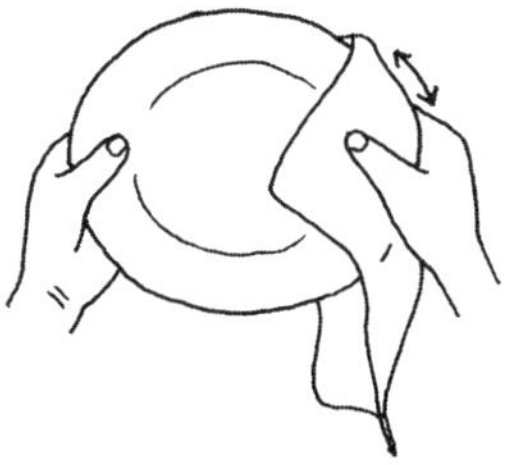

●茶わんを拭く

内側
▼
へり
▼
外側
▼
糸じり

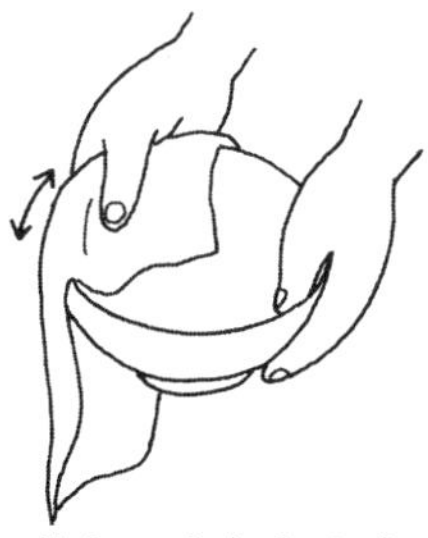

片方の手で茶わんを包むように持ち、落とさないようにします。

●親指は内側に

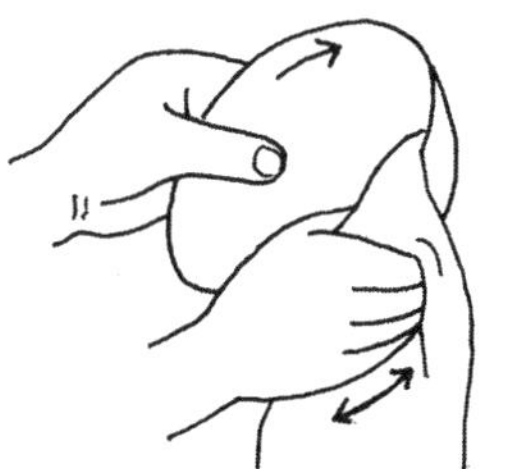

１カ所２～３回拭いたら回します。慣れてきたら回しながら拭きます。

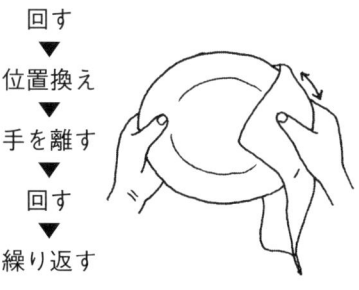

④ 調理の下ごしらえ

アドバイス

幼児期は、食事のしたくにとても興味をもちます。食事作りのお手伝いをすることは、子どもにとってこの上もない喜びです。このような機会をとらえて、子どもにお手伝いの習慣を身につけさせましょう。「今晩は何を作ろうか？」と語りかけ、子どもと一緒にメモを作って買い物に行きましょう。食事の準備と買い物の関係も分かるようになります。お店では、メモを見ながら商品名を読みあげ、こわれやすいものでなければ、子どもに棚などから取らせます。

季節おりおりの素材に触れ、春には、そらまめの皮むきをしながら「うわーふわふわのベッドの中にお豆がならんで寝ているみたい」、夏は、とうもろこしの皮をむいて「キュッキュッて言っているよ」と瞳を輝かして言います。この発見や感動が成長過程では非常に大切です。

1 献立を考えて一緒に買い物に行く

●目的をはっきりとさせる

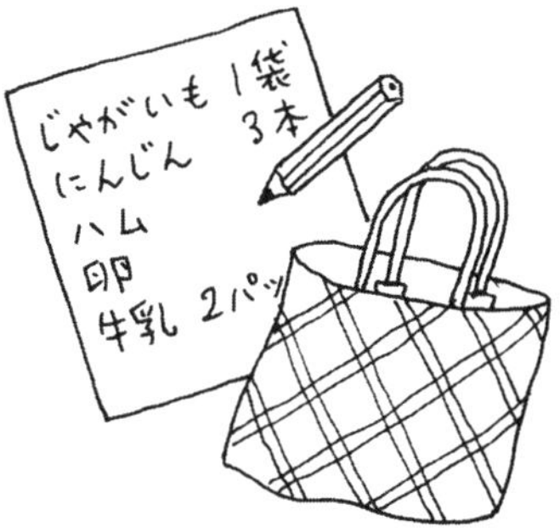

必要な物をメモします。買い物袋を持っていきましょう。

●安全な食品を選ぶ

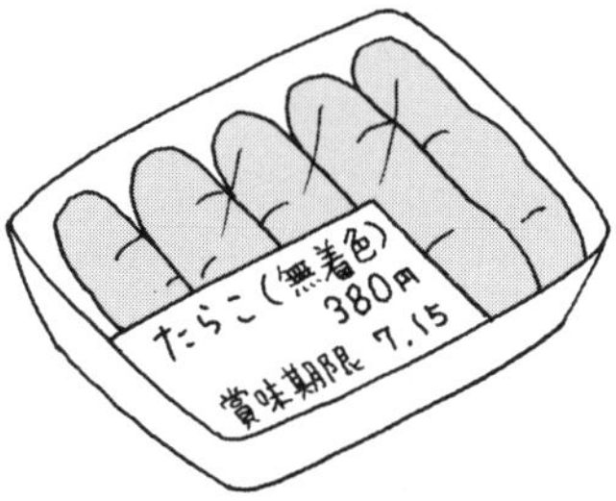

生鮮食品の鮮度の確認、品質表示を見る習慣をつけましょう。なるべく地場産物を選びましょう。

●商品はていねいに取り扱う

買う時にはメモを読みながら、品物をていねいに取り出し、カート（かご）に入れます。

2 お湯をわかす

●やかんに水を汲む

やかんに入れる水の量（必要なお湯の量）を教えます。吹きこぼれない水の量は７分目くらいです。

●やかんをガスコンロにかける

やかんをのせてから火をつけます。コンロのそばに物がないか、途中で火が消えていないか確認させます。

●沸いたら火を止める

ふっとうしたら火を止めさせます。ガス器具の安全な取り扱い方をしっかり教えます。

3 材料を冷蔵庫から出す

●必要な量を出す

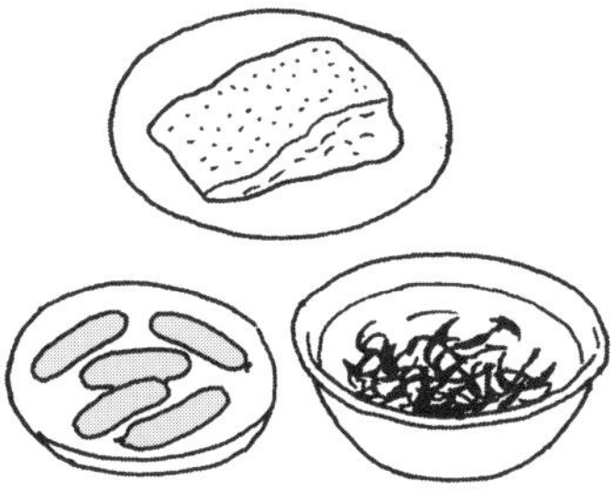

それぞれの食材を適した容器に入れます。

●冷蔵庫の扉はすぐに閉める

食品をどのように入れているか教えます。

●冷蔵庫の扉を1分間開けると

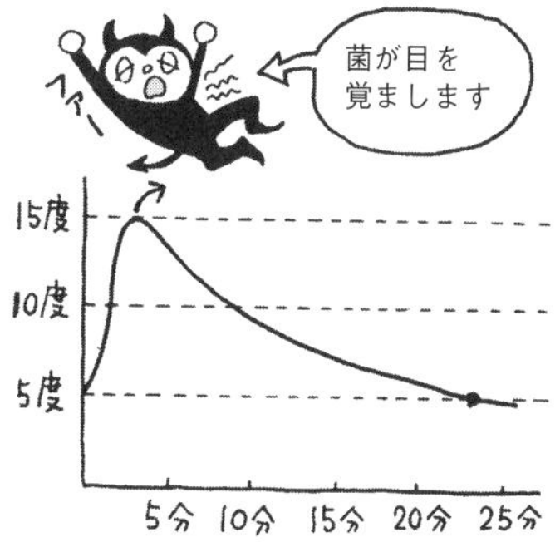
菌が目を覚まします
ファー
15度
10度
5度
5分
10分
15分
20分
25分

庫内の温度は急速に上がり、5℃に戻るまで20分もかかります。

4 野菜の下ごしらえ

●ソラマメをむく

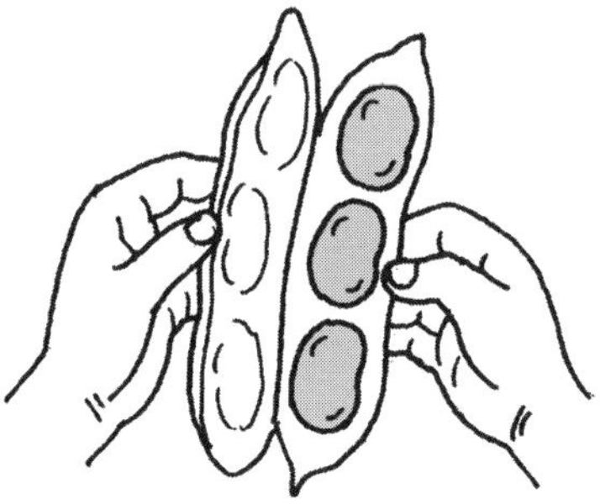

殻を割って中身を取り出します。

●トウモロコシの皮をむく

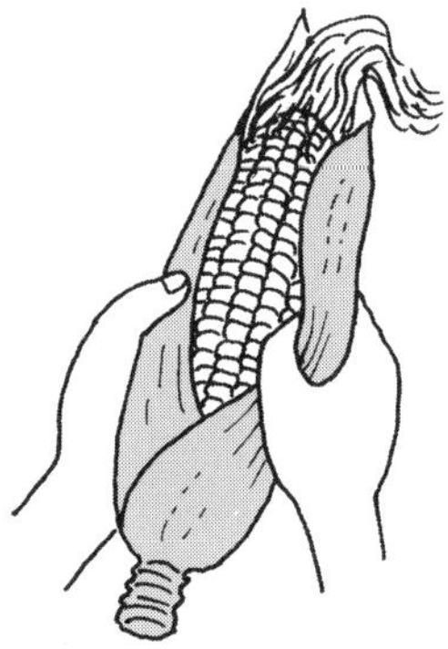

皮といっしょにヒゲもきれいに取ります。

●さやえんどうのスジを取る

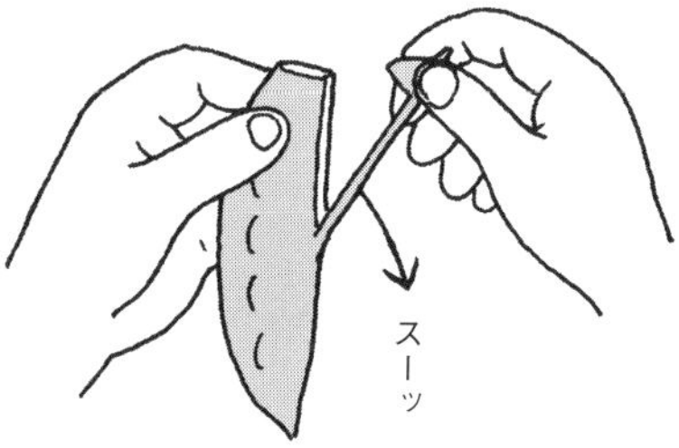
スーッ

へたの部分を左手の親指と人さし指でつまみ、右手でスジをつまんで下の方へ引きます。

5 卵をわる

※卵をさわった手は水でよく洗うように教えます。

●ひびをいれる

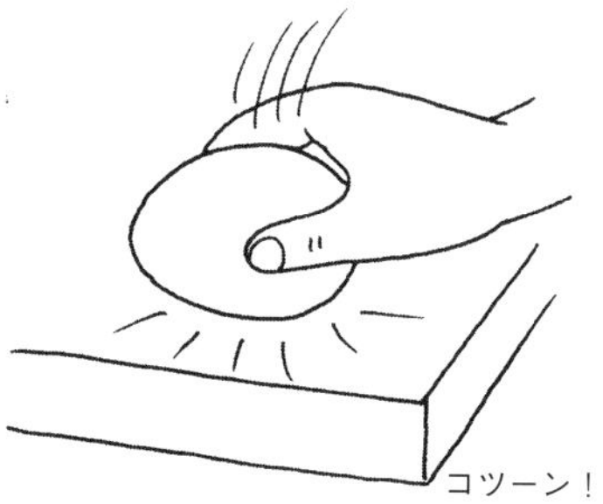
コツーン!

卵の真ん中あたりをまな板など平らな面に軽くコツンとぶつけ、ひびをいれます。

●ひらく

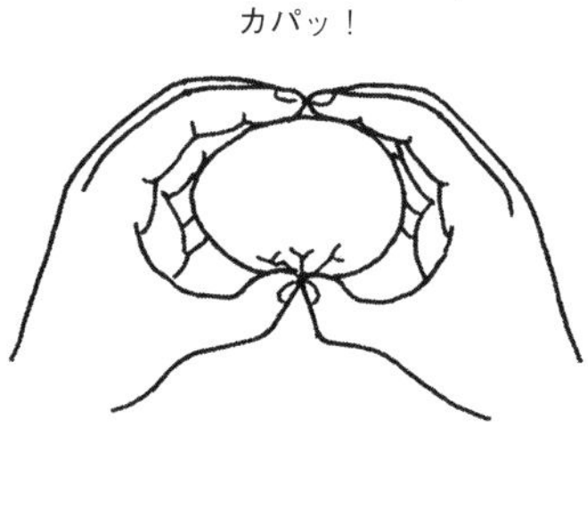
カパッ!

ひびがはいった所へ両方の親指をかけます。親指をまげ、すこし力を入れて殻をひらきます。

●中身を出す

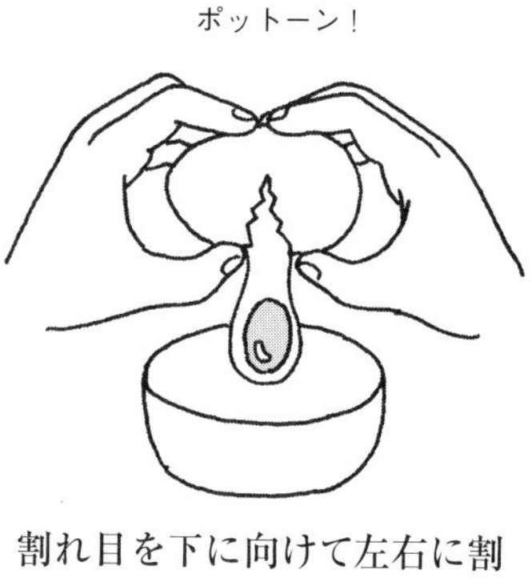
ポットーン!

割れ目を下に向けて左右に割ります。

⑤ はじめての調理

アドバイス

　幼児期は、大人のまねをしたがり、料理のお手伝いなどもやりたがります。子どもの知りたい・やりたいという意欲を育てましょう。

　危ないから、散らかるから、忙しいからと言って遠ざけていると、何事にも消極的でやる気のない子になってしまいます。

　「食」への好奇心や探求心を大切にして、台所でのお手伝いをさせ、正しい調理技術を体得できるようにしましょう。それには、子どもの成長に合わせて、調理台との高さを調節する安全な踏み台を置いたり、幼児が使いやすい調理器具を選択し、汚れないようにビニールシートを用意するなど、子どもが手伝いやすい環境を整えることも必要です。料理のお手伝いは、大人の側が気持ちにゆとりを持ち、細かい点にこだわらず、ほめながら教えることが重要です。

1　牛乳をコップにそそぐ

●そそぎやすいコップ選び

＊牛乳パック用の持ち手を使用しても便利

そそぐコップは、口が広く安定性がよい、そそぎやすいものを選ぶ。

●牛乳のそそぎ方

右手と左手の
力のバランス
が大切

牛乳パックを持つときは、右手で支えるようにして、左手で底を持ちコップの口に軽く当てゆっくり右に傾けながら静かにそそぐ。

2　トーストにバターをぬる

●バターナイフでバターを取る

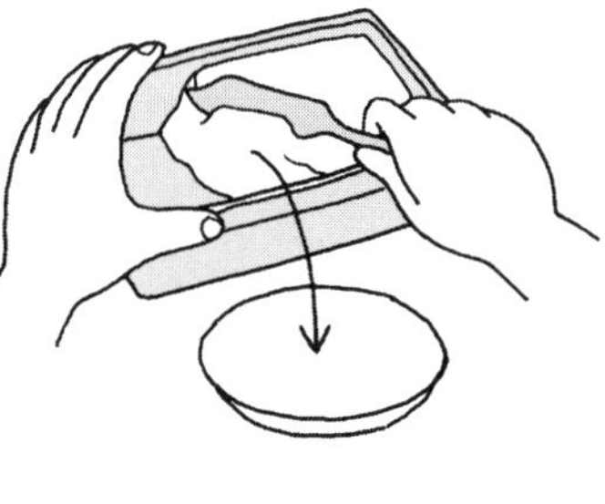

冷蔵庫内で固くなっているので小皿にのせて少し溶かします。

●パンにバターをのせる

BIG

バターをパンの中央にのせます。

●バターをぬる

BIG

パン全体にバターをぬります。

3 野菜を包丁で切る

●包丁の正しい持ち方

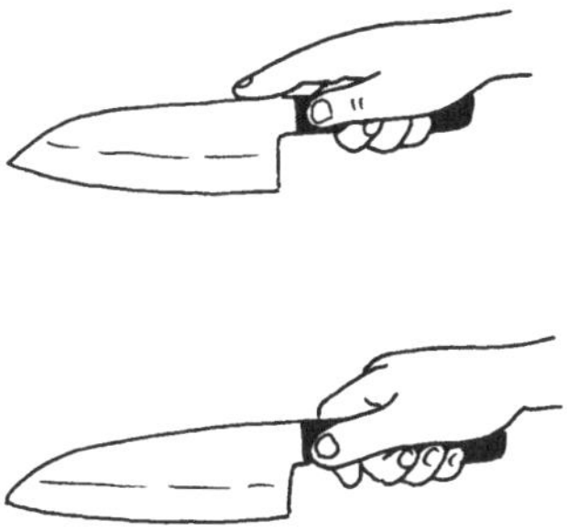

安全の上からも正しい持ち方を教えていきます。本人が使いやすい大きさの包丁を選びます。

●指の置き方

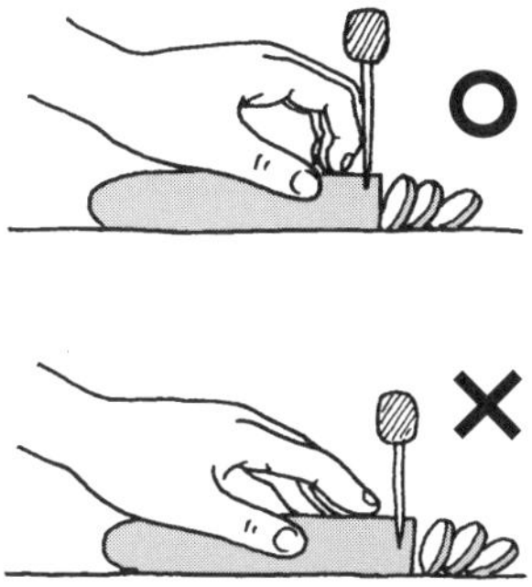

指は折り曲げて、第1関節を包丁の腹にあてます。指先を伸ばさないように。

●切り方

切り方はいろいろありますが、最初は動かなくて切りやすいきゅうりの半月切りなどがよいでしょう。

4 ピーナツバターサンドを作る

1人分の材料＝ピーナツ10g　バター5g　塩少々　砂糖5g

①ピーナツの皮をむく

②ピーナツをミキサーにかける
（どろどろ状態にする）

③バターと混ぜ、味付けする

ボールの中で混ぜ合わせる時は、
濡れタオルをボールの下に敷きましょう。

④食パンを焼き、③をパンに塗る

5 手作りふりかけを作る

1人分の材料＝ちりめんじゃこ5g　白いりゴマ2g　春えび4g　のり0.5g しょうゆ2g　みりん0.5g

①フライパンでちりめんじゃこ、春えび、ごまをからいりする。

②味付けをし、のりを加える
（①にしょうゆ、みりんを加えて水分がなくなったところできざみのりを加えて、カラカラになったら火を止める）

大人が火加減に注意します。

幼児期は、骨や歯が著しく成長し、カルシウムをとくに必要とする重要な時期です。
一緒に作りながら栄養のお話をしましょう。

6 庭をきれいに

アドバイス

子どもたちは本来、外が大好きです。気候のよい時期、晴れた日に、「外の用事をしなければいけない」というのではなく、「一緒に遊ぼう」という感覚で、お手伝いにまきこんでしまいましょう。最初は水に濡れたり、泥だらけになることも覚悟です。汚れてもよい服装にしましょう。

花・植木などへの水やりや、庭の水まきなどは、子どもも大好きです。やたらに水をやればよいというのではなく、植物への水やりの加減があることを教えるよい機会です。また、草取りをしながら、観賞したり、育てたりしている草花と雑草の違いを見分けたり、植物や生物に興味を持ちはじめたりすることもあるでしょう。庭は小さな空間ですが、子どもの自然への関心を育てる宝庫です。

1 庭掃除（ごみ拾い）をする

●軍手で拾う

大きなごみを拾います。

●ごみばさみで拾う

道具を使えるようにしましょう。

2 花・植木に水をやる

●ジョーロで

水をやると植物はシャキッと元気になり、生き生きとして、呼吸までも伝わるようです。

●ホースのシャワーで

水やりの時間は、午前中の日があまり高くならない頃か、夕方が適しています。やり過ぎないように気をつけることも教えておきましょう。

3 庭に水をまく

●ホースで水をまく

夏の暑い日が続く時、朝夕など打ち水をすると気持ちがよいものです。水をまくとなぜ涼しくなるか子どもと考えるのもいいでしょう。

●バケツで水をまく

風のある日、ホコリがまきあがらないように水まきをします。ホースの水だと、風で飛び散ってしまうこともありますし、風呂の残り湯を利用するのもよいでしょう。

4 草取りをする

植えた草花と、雑草の違いを確かめながら、春から夏にかけてこまめに草を取りましょう。

5 落ち葉を集める

落ち葉をはき集めて、なるべく土に還しましょう。

ポイント

<四季を体感できるお手伝い>

草花に寄ってくるチョウやハチなどの生態や、植物が花を咲かせた後は種を残すことなど、庭やベランダの草花の手入れをしていると、いろいろな発見があります。子どもにも水やりや草花の世話をさせましょう。

また、自然に関心を持つようになれば、大人に言われなくても、「今日は風があってほこりが出たから水をまくよ」と、子どもが自らするようにもなります。

草花の世話や家の周りのお手伝いを通して、子どもたちは四季の移り変わりにも敏感になってきます。

7 お風呂場でのしごと

アドバイス

子どもが小さい時は、親子で一緒にお風呂に入ります。日頃、大人がお風呂場でやっているしごとは、小さい子どもでも簡単にできることがたくさんあります。どんどんお手伝いをさせましょう。

たとえば、家族が使うタオルを用意する、新しいタオルに取り換える、石けんやシャンプーを補充するなどは、何回か教えるとすぐにできるようになります。できたら「助かったわ、ありがとう」と感謝の気持ちを伝えます。

また、家族の背中を流すのもよいでしょう。洗いにくい背中を洗ってもらって体全体がきれいになり、気持ちがよかったことを伝えます。

小さなお手伝いが家族みんなのためになることを教え、今後のお手伝いの動機づけとなるようにしましょう。

1 家族が使うタオルを用意する

●お風呂に入る前

家族が使う分のタオルを用意します。

●いつもの場所に置く

決められた場所に置きます。

2 古いタオルを新しいものに取り換える

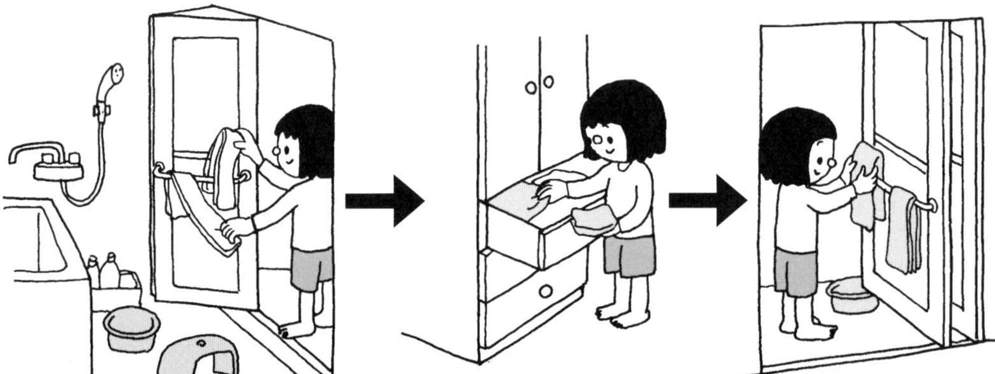

古いバスタオルをはずし、新しいバスタオルを出して、かけます。

3 石けんやシャンプーを補充する

●石けんを出す

新しい石けんを出します。箱や包み紙はごみ箱へ捨てましょう。

●シャンプーの補充

ひとりでできない場合は、大人が説明しながら一緒にします。

4 家族の背中を流す

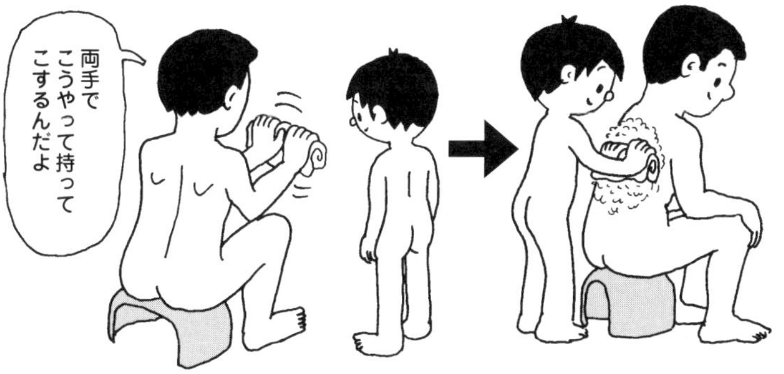

大人が背中の洗い方を教えます。

5 使ったものは、元の場所に片づける

●お風呂場の片づけ

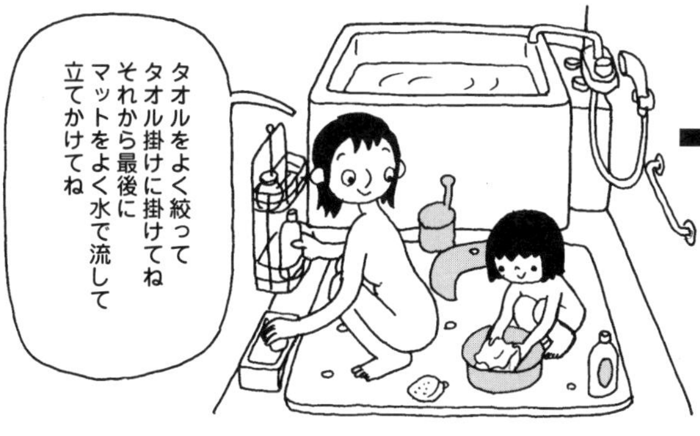

元の場所を思い出しながら片づけましょう。

8 身の回りの整理・整頓

アドバイス

整理・整頓は幼児期から身につけることができます。子どもがまだ小さいうちは、自分が使ったおもちゃなどを決まった場所に片づけたり、脱いだ衣服や靴をもとの場所に置くことからはじめるとよいでしょう。

最近は、小学生になっても自分の持ち物を整理できない子どもが増えています。おそらく幼児期に整理・整頓のすべを身につけてこなかったためでしょう。

子どもは、はじめは片づけるのを忘れたり、上手に整理することができなかったりしますが、親が手本を見せ、声をかけ、一緒にやることによってだんだんと身につくようになります。

上手にできたら、「○○ちゃん、本がきれいにしまえたね。えらいね」とほめ、できたことを一緒に喜びましょう。

1 自分の靴を揃える

●外から帰ったら、脱いだ靴を揃える

脱いだ靴は玄関に揃えたりゲタ箱にしまうことを教えます。

2 園のバッグや帽子を掛ける

脱いだ帽子、衣服、かばんは決まった場所に片づけさせます。

3 自分のおもちゃを整理する

大きめのかごやケースを用意すると片づけやすいでしょう。

4 読んだ本を片づける

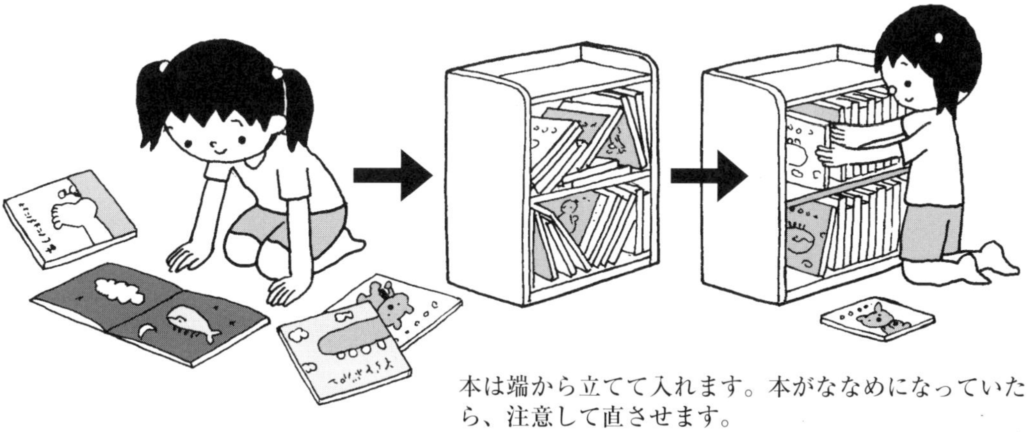

本は端から立てて入れます。本がななめになっていたら、注意して直させます。

5 机のまわりを整理する

●切り絵をしたり絵をかいたあとも

ちらかしたあとは……

ごみを捨て、道具を引き出しにしまわせます。

机のまわりがきれいに片づきました。

⑨ 新聞・郵便運び

アドバイス

家の中には、毎日決まったしごとがあり、子どもができるさまざまなお手伝いがあります。この「運び屋さん」のお手伝いもそうです。

新聞を読みたいと思った時、家族の誰かがさっと持ってきてくれるとうれしいものです。思わず「ありがとう」の言葉が出ます。新聞を郵便受けから取ってきて渡すというお手伝いは、3歳くらいの子どもでも十分できます。1回やって家族に喜ばれると、うれしくて何回もやりたくなるものです。

子どもはお手伝いをすると感謝されるという体験を積み重ねることで、家族のために役立ちたいという意識を持つようになります。

家の中で新聞や手紙などを運べるようになったら、親からの手紙を園の先生に渡したり、回覧板を回したりすることもやらせてみましょう。

1 朝夕の新聞を取ってくる

●毎朝のお手伝い

新聞運びは3歳児でも十分やれます。

2 郵便受けから手紙を取ってくる

●郵便屋さんは来たかな？

郵便物は決まった入れ物、場所に置くことを教えます。

運んだら、家族に伝えます。

3 園の先生からの手紙を渡す

●家に着いたら　　●忘れずに渡す

帰ってきたら、すぐに園からの手紙を渡しましょう。

4 園の先生に連絡帳を渡す

登園したら、すぐに先生に渡すように教えます。

5 回覧板を回す

●まずは、大人と一緒に　　●つぎは、ひとりで

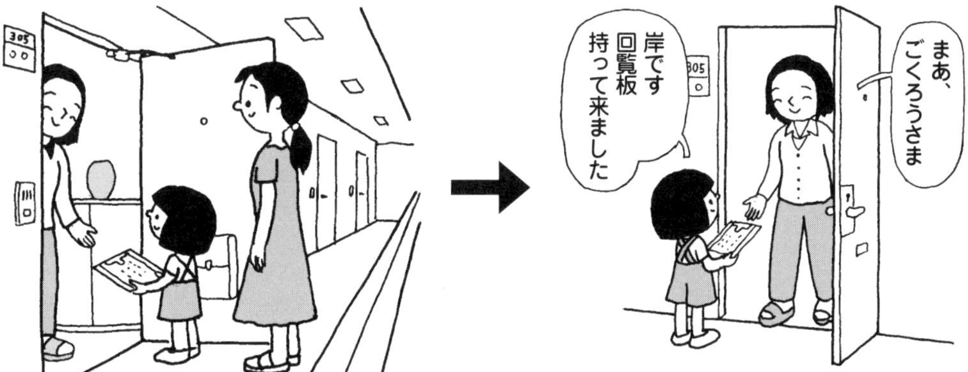

自分の名前と用件を言いましょう。

⑩ ペットの飼育

アドバイス

ペットを飼うことは、大人にとっても子どもにとっても、とても楽しい経験ですが、ペットを飼うためには、いろいろな環境や条件が整っていることが必要です。かわいがるばかりでなく、毎日エサや水を与え、フンの始末もしなければなりません。誰が責任を持つのか、飼うペットについての知識があるのか、大きさや性質、エサのことから、そのペットを一生飼い続けることができるのかも慎重に検討することが必要です。子どもとよく話し合い、どんな世話ができるか、あらかじめ決めてから飼いましょう。

生き物の世話は毎日のことです。いったん決めても子どもの生活も変わります。大人が最終的な責任を持つ覚悟も必要です。家族にとってもペットの飼育の体験は、命あるものと付き合うよい機会にもなります。

1 イヌにエサをやる

●エサの種類
（缶詰か固形のものか）

●決まった量をやる

●「まて」「よし！」と食事の合図を出す

日頃から、エサの回数と時間・場所をきちんと決めておきます。

2 ネコにエサをやる

●エサの種類

●決まった量を決まった場所で

●いつもきれいな水を用意しておく

エサの種類をひんぱんに変えると下痢などの体調不良につながることがあります。

※ネコやイヌが外に出たときのために、首輪に飼い主の名前と連絡先などを付けておくとよいでしょう。

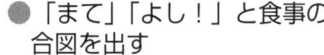

3 鳥にエサをやる

●エサの種類・量は

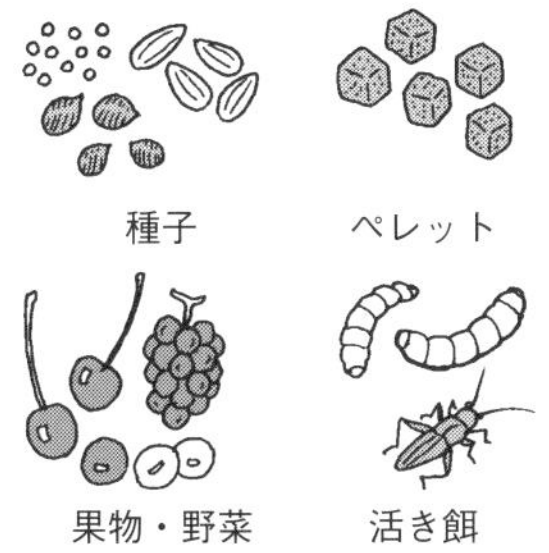
種子
ペレット
果物・野菜
活き餌

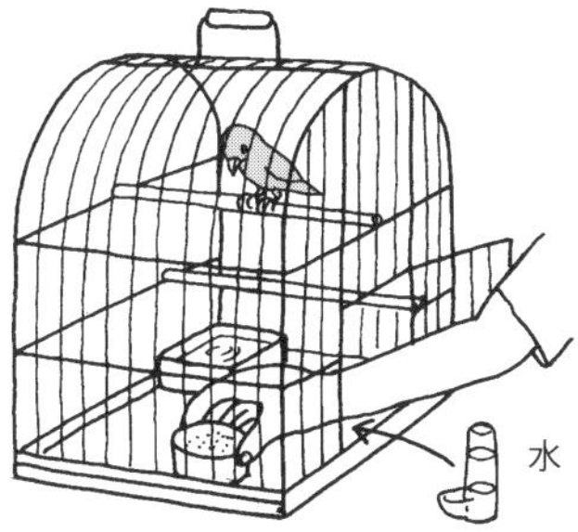
水

鳥の種類によって殻つき・殻なしなど、エサも異なります。適量を与えるようにします。エサやりや水の交換や掃除の時に逃げられないように気をつけましょう。

●鳥かごの場所も考えて

日当たりや風通しの良い所に鳥かごを出します。また、種類によって水浴び、砂浴びの用意をします。

4 ペットの食器を洗う

プ～ン
これじゃイヤだ!
くさい、汚ない

エサの容器が不衛生だったり、食べ残しがあるようだと、病気になってしまうことがあります。

ベリィ グッド!

容器は毎日、水できれいに洗い、清潔にしておきます。

●食べる場所も、いつもきれいに

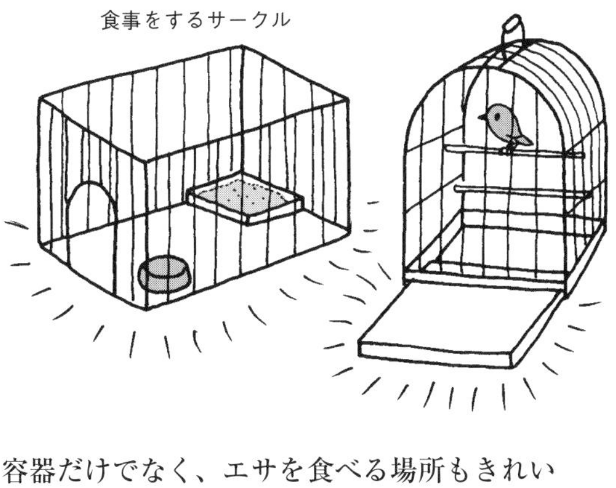
食事をするサークル

容器だけでなく、エサを食べる場所もきれいにしましょう。

ポイント

<ペットも大切な仲間です>

生き物・ペットを飼うことは、子どもにはたいへんおもしろいことです。しかし、かわいいから、遊べるからというだけでペットを飼いはじめては、飽きてほったらかしにするかもしれません。

ペットの世話の何を子どもがするのかをはっきりさせ、もし、その世話をしないとペットがどうなるか、子どもと一緒に考えるとよいでしょう。

ペットは、家族の一員です。家族でペットの何気ない行動や変化を日頃から話題にしましょう。そして、寿命がくるまで家族で協力して、面倒をみてやりましょう。

⑪ 洗濯のポイント

アドバイス

小物の手洗いなら就学前の子どもでも十分できます。最初はハンカチなどから始め、だんだんと衣類のように大きい物を洗濯できるようにさせましょう。

洗濯をする前に布地に合った洗い方があることや色物は分けることを教えます。次に洗濯物の量に応じて洗剤や水の量が決まることを教え、どのくらいの量か大人が実際に量ってみせます。すすぎは水をムダ使いしないよう、ためすすぎにします。

シワになりやすい衣類は弱く絞るか、たたんでたたいて水を切ります。

洗濯機は小学１・２年生ごろから使い方がわかります。濡れた手でコンセントを触らない、脱水漕が完全に止まるまで手を入れてはいけないなどの注意をしっかり守らせます。

1 洗濯する前にチェックする

●ポケットの点検

ポケットに何か入っていないか確かめさせます。

ティッシュが入ったままだと、水に溶け他の洗濯物にも付着してしまうので注意が必要です。

●洗濯方法

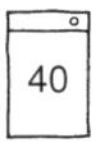

液温は40℃を限度とし、洗濯機による洗濯ができます

エンソ サラシ　塩素系漂白剤による漂白はできません

液温は30℃を限度とし、弱い手洗いができます（洗濯機は使用できません）

アイロンは210℃を限度とし、高い温度（180℃から210℃まで）でかけてください

ドライクリーニングができます。溶剤はパークロルエチレンまたは石油系のものを使用してください

日陰のつり干しにしてください

衣類の「取り扱い絵表示」を見ることを教えます。

どろや砂はブラシなどで落としておきます。

汚れがひどい時は洗剤液にしばらくつけておいてから洗濯します。

色落ちしやすいものは分けて洗います。

2 手洗いする

●洗う

洗剤を入れ布地に合った洗い方を教えます。デリケートなものは押し洗い、汚れがひどい時はもみ洗いやつまみ洗いをさせます。

●絞る・すすぐ

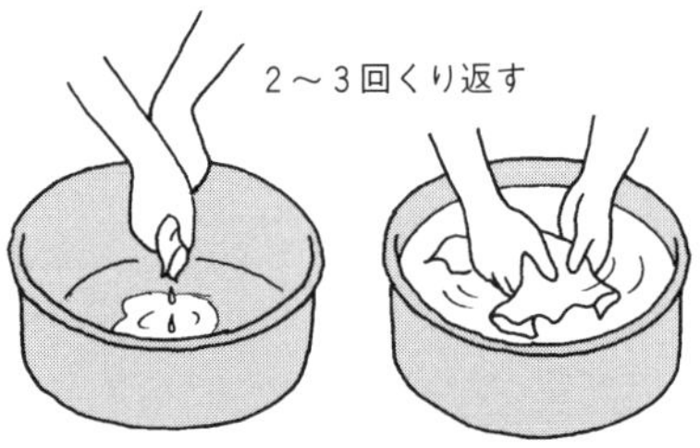

ねじって絞り、洗剤を落とします。

洗剤が落ちるまで水を換えてすすぎ、１回ごとに絞ります。

●絞る

ねじって絞ります。シワになりやすいものは弱く絞ること、あるいはたたんでたたいて水気を切る方法を教えます。

3 洗濯機を使う

●全自動洗濯機

洗濯物の種類に合ったコースを選んでボタンを押します。

●二槽式

洗濯→脱水→すすぎ→脱水
(脱水する時は脱水槽に入れます)

お風呂の残り湯を使うようにします。

デリケートな衣類は洗濯ネットに入れます。
脱水がおわったら早めに取り出してシワを取ります。

洗濯槽や脱水槽が止まるまで手を入れないように教えます。巻き込まれケガをする危険があるからです。

4 水の量・洗剤の量を考えさせる

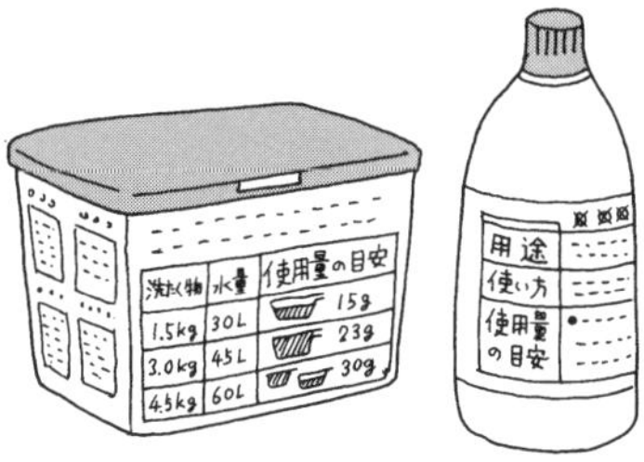

洗濯物の量に対する水の量や洗剤の量を教えます。洗濯機や洗剤の容器に表示してあります。

ハンカチのような小物は、洗面器に小さじ1杯分の洗剤で十分です。

5 環境にも気を配る

必要以上に合成洗剤や石けんを使うと、洗剤成分が水環境の中で分解されず、川を汚染する原因になります。

ポイント

<環境への配慮を教える機会に>

洗濯と環境問題は切り離せない問題です。家庭から出る洗濯排水、台所排水、食用油などをそのまま流すことが川を汚すことになることを、子どものうちから教えるべきです。自分たちの住む身近な環境を守っていくためにも必要な配慮であり、大事なことです。

洗濯排水や台所の排水がやがて飲み水となって帰ってくることを教え、生活スタイルときれいな環境を守ることのつながりを考えさせましょう。まずは大人が実践することです。その姿を見れば子どもにも習慣として身につくようになります。

⑫ 洗濯物を干す・取り込む

アドバイス

洗濯物を干す時は、シワをのばしてから干さないと、くしゃくしゃのまま乾いてしまいます。とくに夏の暑い日は強い日差しで布地の色があせるので、裏返しにして干すとよいでしょう。素材によっては日陰で干すのがよいものもありますので、衣服の「取り扱い絵表示」に従って干しましょう。

物干しざおに直接干すのが一番早く乾きますが、場所を取ってしまうのでピンチハンガーを利用します。その際、傾かないようにバランス良く吊し、風がよく通るように隙間もあけます。

洗濯物をたたむ時には形を整えながらきちんと端をそろえてたたみます。たたんだものは、しまう場所ごとに分けて重ねていくと、しまう時便利です。タンスなどに収納する時も、整理してしまうと次に取り出しやすくなります。

1 洗濯物を干す

●洗濯が終わったらシワをのばす

パン
パン

たたんで手の平の上に置きはさむようにたたきます。

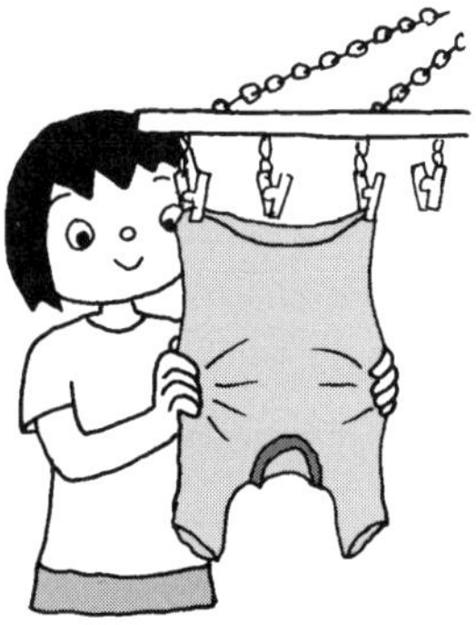

干しながら端と端をひっぱるようにしてシワをのばします。

●取り扱い絵表示に従った干し方をする

＝
日陰のつり干しにしてください。

日陰につるして干す

●さおを拭いて汚れをとる

さおは砂ぼこりで汚れています。ぞうきんで拭くように教えます。

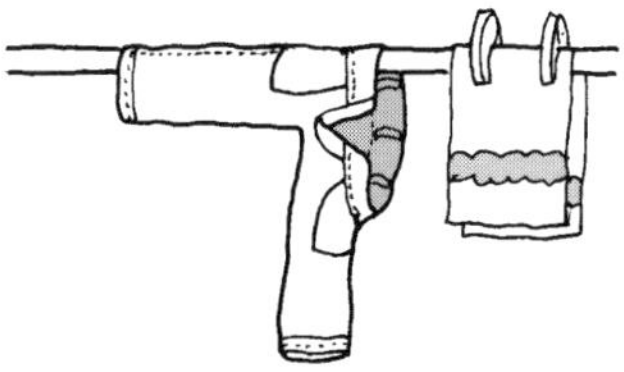

ポケットがついている物や、強い日ざしでの色あせが気になる衣類は、裏返して干します。飛ばないように洗濯ばさみでとめます。

●干す道具を用意する

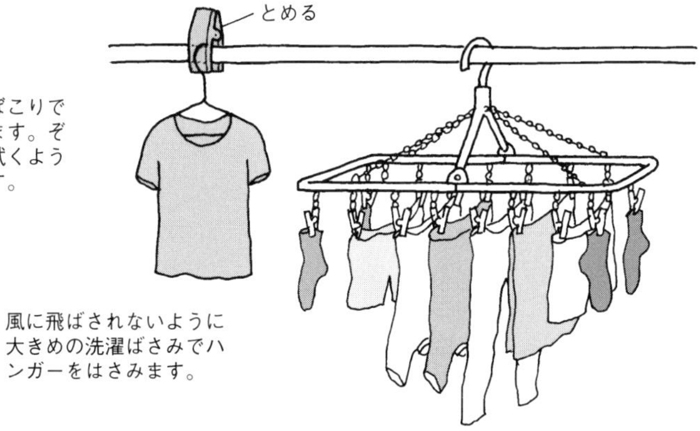
とめる
風に飛ばされないように大きめの洗濯ばさみでハンガーをはさみます。

傾かないようにバランスよく干しましょう。風が通るようにすき間をあけて干すと早く乾きます。

2 洗濯物を取り込む

●日のあるうちに取り込む

日が沈んでから取り込むと湿っぽくなるので、日があるうちに取り込みます。

取り込んだものは洗濯かごに入れます。くしゃくしゃに入れずにざっと折りたたんで入れましょう。

3 たたんでしまう

自分の衣服、家族それぞれの分を分けてたたみます。

すぐに着られるように整理してからしまいます。

●アイロンかけ

ワイシャツやハンカチなどにアイロンをかけます。取り扱い絵表示を確認します。

4 用具をしまう

ハンガーなどの道具は、屋外に吊るしっぱなしにせずに片づけさせます。屋外へ出しておくと風雨にさらされ傷みが早くなることを教えます。

ポイント

<物に対する意識も育つ>

現代の子どもたちは、豊かな生活を送っているためか自分の持ち物に対して意識が低くなっています。衣類に関しても同じです。上着を落としても気づかない子どもが少なくないのです。

子どもに洗濯物を干させたり、たたませたりすれば、それが誰の衣類なのかを自然に認識させることができます。また、ていねいに、干したりたたんだりすることで物を大切にする意識も育ちます。

家族の一員としての役割を担うというだけでなく、物に対する意識を持たせる意味でも、積極的にやらせましょう。

13 衣服の手入れ

アドバイス

毎日のお手伝い以外で、季節の変わり目や特別な日にするお手伝いです。たとえば、お出かけするという日やその前日に、着ていく衣服の用意をやらせます。

お出かけの日は、いつもよりおしゃれをします。その前日は心もウキウキするものでしょう。でも、久しぶりにタンスから出した衣服は、たたみジワがあったり、ボタンやホックが取れていたり、取れそうになっている場合があります。そんなところをチェックさせます。

また、衣替えの季節は、タンスの中を整理するのに一番良い時です。あまり袖を通さなかった衣類を別にしたり、子どもの成長に伴なって着られなくなりそうなものを選別するのも、この時期の大切な仕事です。ボタンやホックの補修もしておくと、いつでも着ることができます。

1 ボタン付けをする

●ボタンが取れそうな時は、糸を切り落としてきれいにしてからボタンを付ける

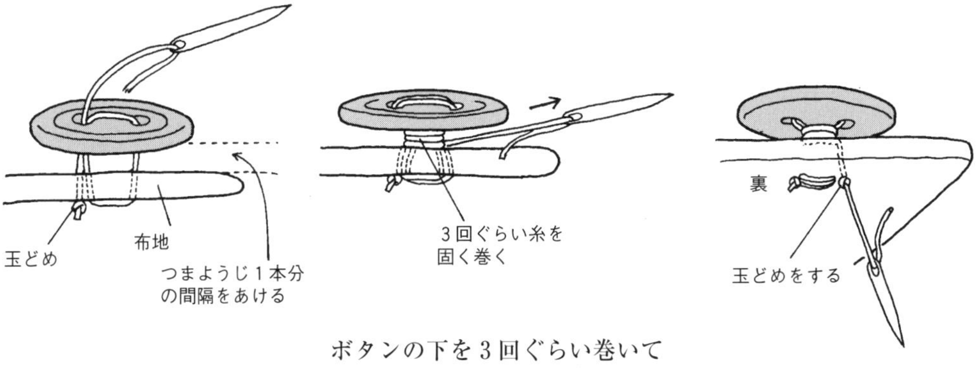

3、4回糸を穴に通します。

ボタンの下を3回ぐらい巻いてから裏で玉止めをします。

2 ホック付けをする

●ホックの種類

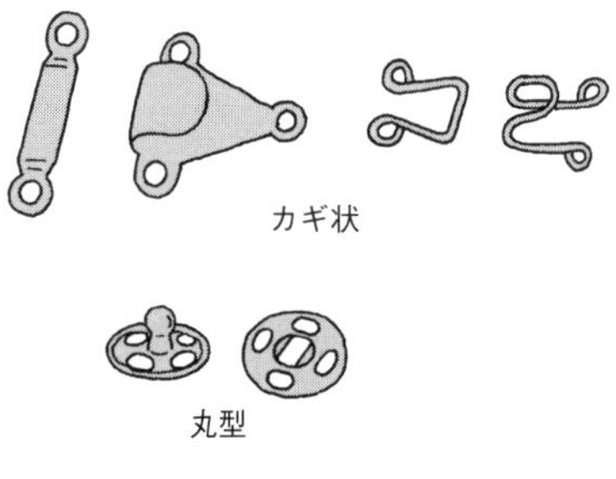

ホック（留金）には、かぎ状と丸型の2種類があります。

●玉止め

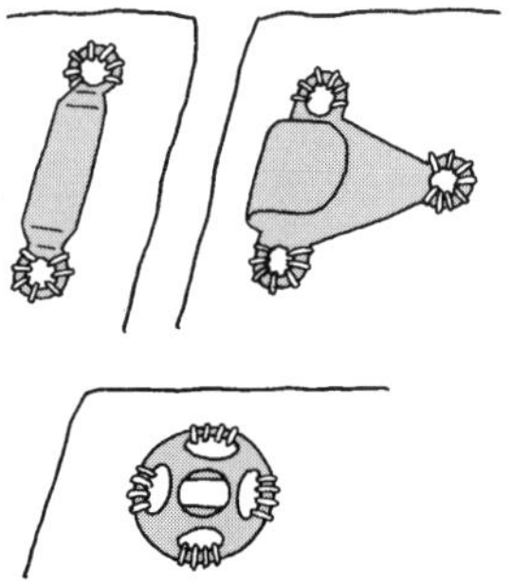

玉止めは表に出ないようにします。

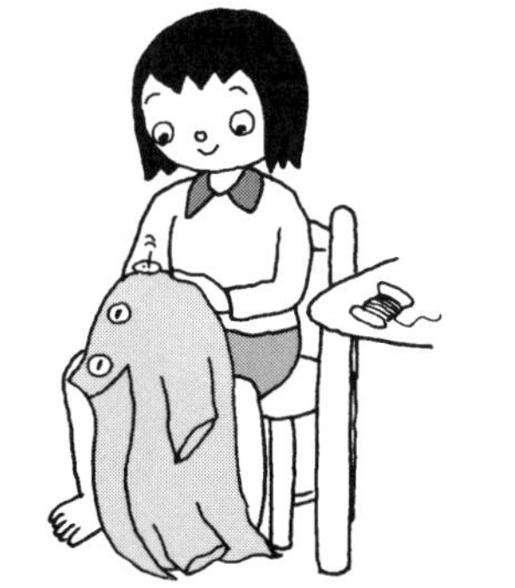

とめたりはずしたり、毎日の作業なのでほつれやすい所です。はやめに付け直しておきましょう。

3 コートや背広にブラシをかける

●お父さんの背広に

目の高さに持ってきてブラシをかけます。

●ブラシのかけ方

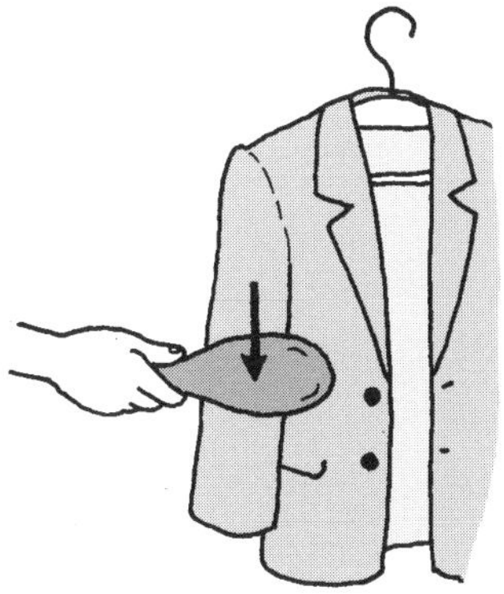

上から下へ生地目にそってブラシをかけます。

4 ハンカチにアイロンをかける

初めてのアイロンかけは、お家の人がやった後、その余熱でやらせてみます。

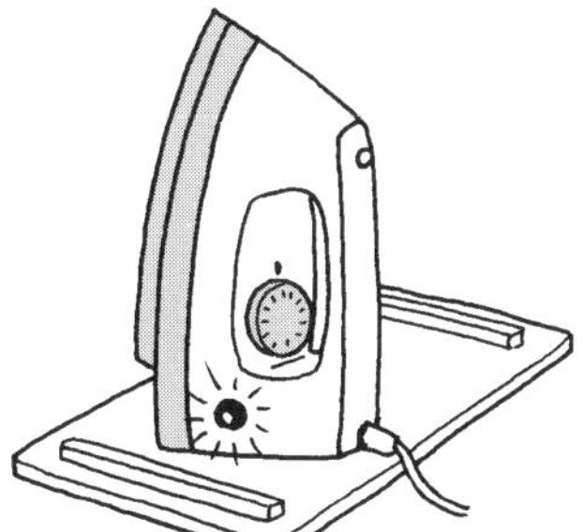

一定の温度になった合図があったら始めます。

底全体を使ってアイロンをかけます。片方の手で布のはしを軽く引きながら持つときれいにかかります。

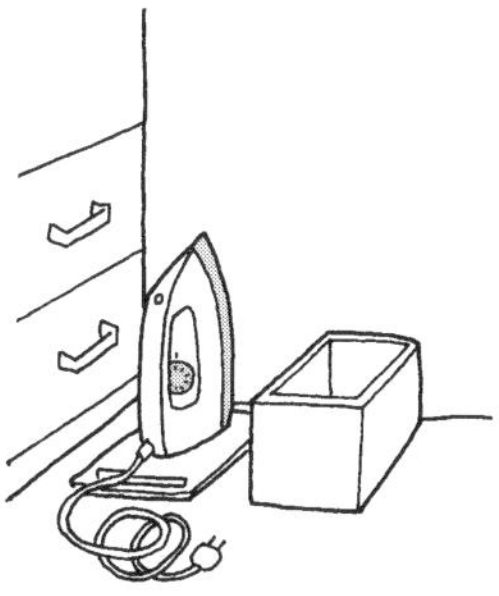

かけ終わったら電源をぬき、コードをたばねます。あぶなくない所に置いて冷めるのを待ちます。

5 衣替えも手伝う

小さくなってしまったシャツやズボンは別にしておきます。

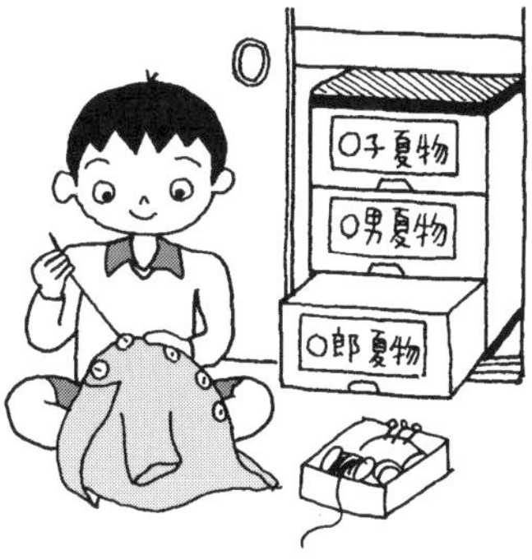

破れたり、ボタンが取れたりしているものは補修してからしまいます。

シーズンが来たらすぐに取り出せるように袋に名前やサイズを書いて保管します。

14 献立作りと調理

アドバイス

調理のお手伝いは、最初は幼児期に大人の模倣から始まり、継続的に繰り返していくうちに調理技術を体得し、徐々に「食」の自立が見られてきます。子ども自身が献立を考え、調理できるということは、とてもすばらしいことです。家族や友だちに「おいしい」と言ってもらえたらさらに喜ばしいことです。

料理には、献立作り、材料を買う、洗う、切る、加熱する、味付け、盛りつけなどのプロセスがあり、多くのことを学びます。

一方で、小学校高学年になっても食材についてうとく、「さやいんげんとさやえんどう」「サンマとイワシ」の区別もつかない子どもが少なくないのも実情です。野菜をはじめたくさんの食材にふれさせながら、子どもの積極性を引き出し、どんどん調理のお手伝いをさせましょう。

1 献立を一緒に考える（家族の心とからだの健康づくり）

●栄養と安全を考えた献立

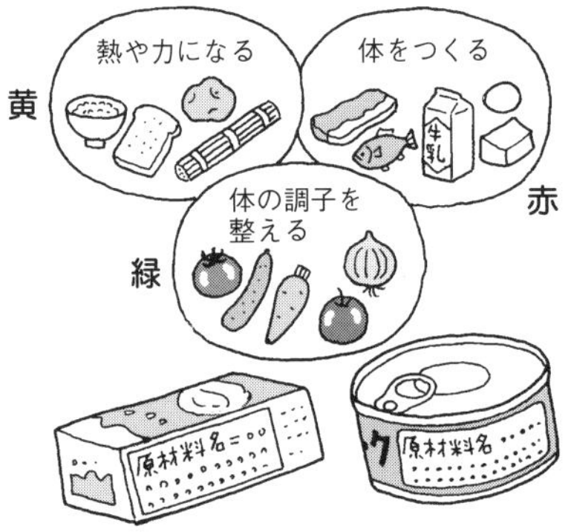

栄養のバランスを考えて献立をたてます。小学校では、毎日の給食で食物を赤・黄・緑のグループ分けをして学習しています。

●家族構成を考えた献立

乳幼児から老人まで家族構成は各家庭によってさまざまです。材料の切り方や味付け嗜好など、お互いを尊重した思いやりのある献立を立てましょう。

●特別な日の献立

誕生日・入園祝い・行事食など、家族・友だちと楽しい食卓を囲みましょう。

●旬の味・地場産物を活用した郷土食献立

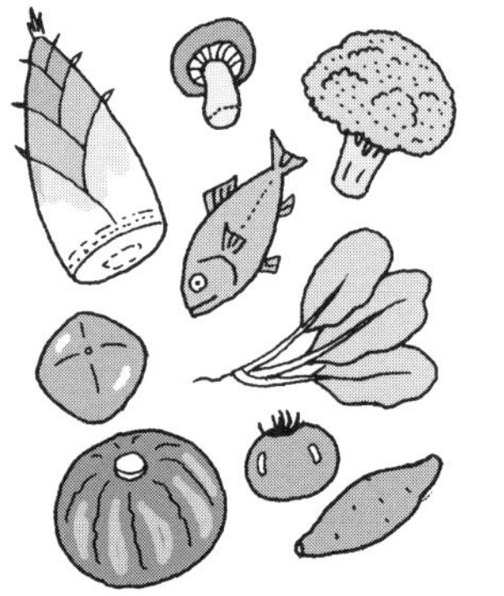

季節感あふれる新鮮で安全な食材を選びます。地場産物を活用し、その土地ならではの料理で食文化の伝承を心がけましょう。

2 野菜を洗う

●ほうれん草（葉もの）

水をはったボールに根本を立ててしばらく浸しておき、流水で振り洗いします。根本を２～３株両手で持ち、根本を広げて泥をしっかり落とします。

●ごぼう（土付き）

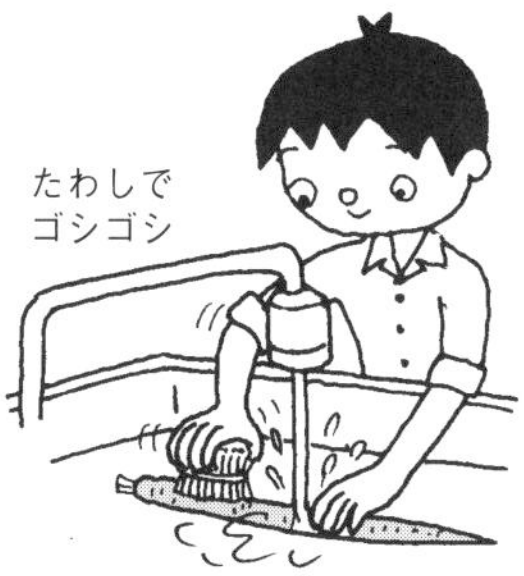

土付きごぼうは、シンクに置いて流水で流しながら、たわしでこすり洗いをします。

●トマト

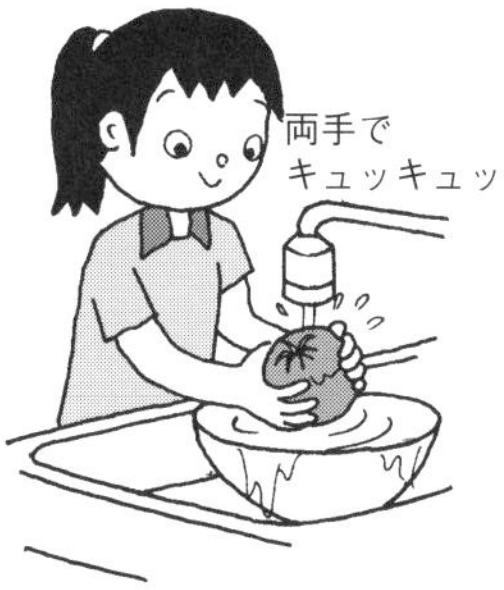

水をはったボールの中で両手で持ち、皮とへたの部分をていねいに流水洗いをします。

3 野菜の皮をむく

●だいこんの皮をむく

だいこんやにんじんは、葉のつけねと根の先端を包丁で切り落とします。

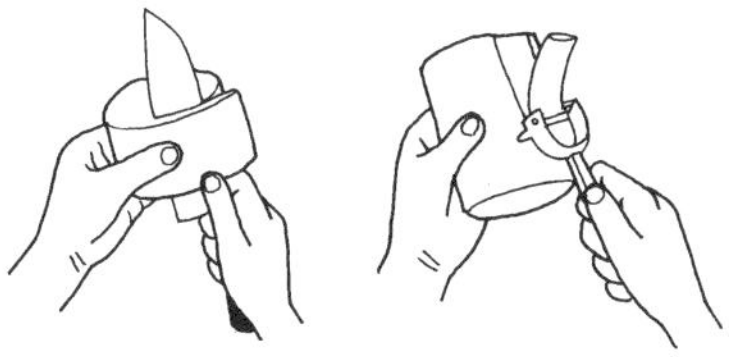

大きいものは、２～３等分に切ってから皮をむきます。

●にんじんの皮をむく

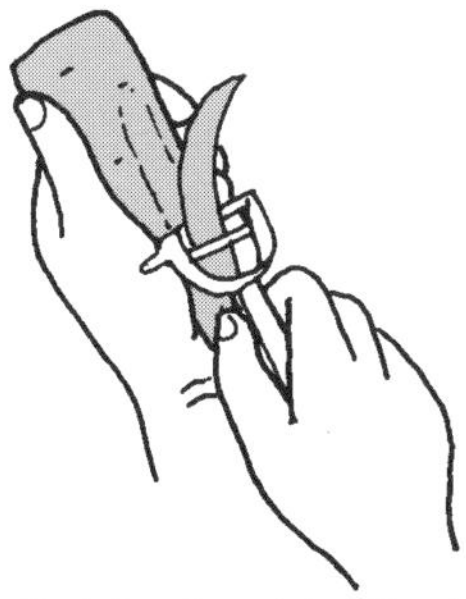

にんじんには、皮に近いほどカロテン（ビタミンＡ）が多いので薄くむきます。

●じゃがいもの皮をむく

むいた後は変色するので水に浸けます。芽の所にソラニンという毒素があるので取り除きます。

4 包丁でりんごの皮をむく

●４等分にしてからむく

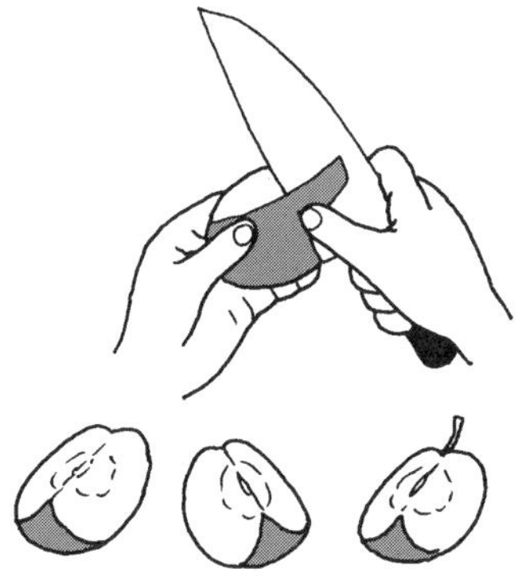

４等分にしてからむくとよいでしょう。

●塩水にくぐらせる

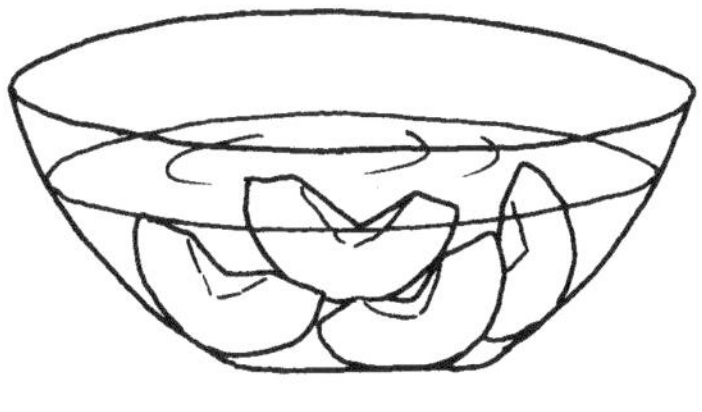

りんごは、皮をむくと変色するのでうすい塩水にくぐらせたりレモン水をふりかけます。

15 おかず作り

アドバイス

　幼児期を過ぎて小学生になると、手先がだいぶ器用になって、ひとりで調理しても失敗しなくなります。

　野菜炒めなどを家庭科の授業で作ると、お手伝いをよくしている子どもと、まったくしていない子どもとの調理技術の格差は歴然としています。上手にできる子どもは、一般的に何事にも意欲的であり、生き生きとしています。自立心も旺盛です。家庭生活の中で培った能力の差に驚かされます。

　お手伝いのさせどきは、なるべく早いほうがよいでしょう。一緒に教えながらすれば、すぐに上達します。ほめながら楽しく食事作りをしましょう。家族の一員としての自覚と料理の楽しさを実感すれば、「食」の自立へとつながっていきます。

1 缶詰をあける

●缶詰

缶詰を少しずつ反時計回りに回転させて、切り進めます。

ふたは切り落とさずに、少し残しておきます。

●プル・トップ

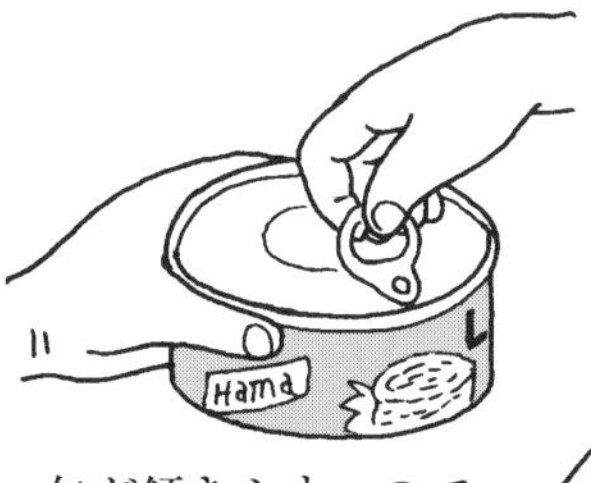

缶が傾きやすいので注意が必要です。

親指をてこにすると力が入りやすいことを教えます。

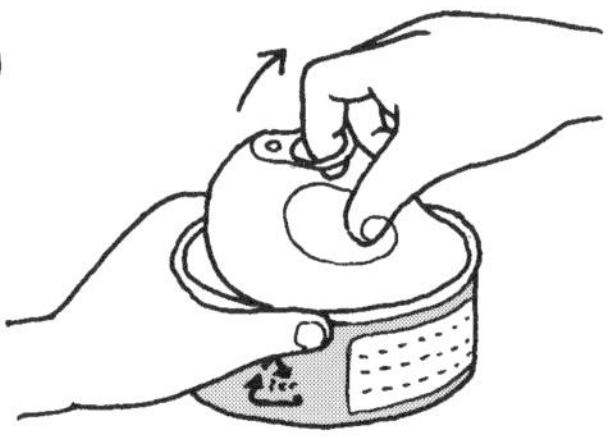

人差し指をタブにかける場合、親指と中指で缶をしっかり支えます。

2 冷凍食品を解凍する

●水に浸けて解凍

ボールに水を入れて中に沈めます。

●冷蔵庫の中で解凍

前日に冷凍庫から冷蔵庫に移しておきます。

●電子レンジで解凍

魚や肉は、皿の上にペーパータオルをしきます。専用の容器に入れて適した時間でセットします。

3 味付けを手伝い、味見をする

●調味料を計量スプーンで量る

さ（さとう）

し（しお）

す（酢）

せ（しょうゆ）

そ（みそ）

調味料を入れる順番はさしすせそ、と教えます。

●味を見る

小さいお皿に入れて味見をさせます。

4 野菜炒めを作る

●材料を切る

材料をたんざく切りにします。

●フライパンを熱する

強火で熱しておきます。

●フライパンに油を入れる

水滴がはいらないよう、油はねに注意。

●炒める

フライパンをバランスよく動かしてまんべんなく野菜に火を通します。

●調味料を入れる

しょうゆ、ソースなどの液体の調味料はフライパンのまわりから流し入れることを教えます。

＜炒める時の注意点＞

1　材料はすべて切っておく。

2　中華なべを熱しておく。

3　火の通りのおそい野菜から炒める。

4　調味料は最後に入れる。

16 部屋の掃除

アドバイス

掃除は、上の方から下の方へとやるのが基本です。はたきをかける時も上の方から順にかけます。なぜなら、ホコリは下の方へと落ちていくからです。二階建ての家なら、二階から一階へと順に掃除をします。

また、掃除の前には部屋を片づけることが大切です。物が散乱したままで掃除機をかけても掃除の効果が上がりません。掃除の目的は、ごみやホコリをなくすことはもちろんのことですが、それに加えて全体がすっきりと片づくことです。

掃除を終えても雑然としていては、気持ち良さも半減です。だらしない環境にしていては、子どもの生活もだらしなくなりがちです。一緒にやりながら手本を見せ、少しずつきちんとできるようにさせていきましょう。

1 はたきをかける

●部屋を片づける

掃除で一番最初にやることは片づけです。散らかっているものは、片づけたり整えたりします。

●はたきをかける

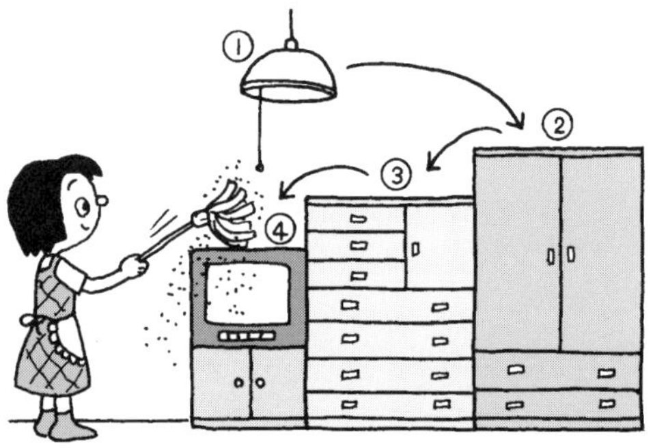

はたきをかける時は、上から順にかけていきます。窓のさんや額ぶちなども忘れずにかけます。

2 掃除機をかける

●床

床は板目の方向に掃除機をかけます。逆にかけると板目の間のごみがとれません。

●カーペット

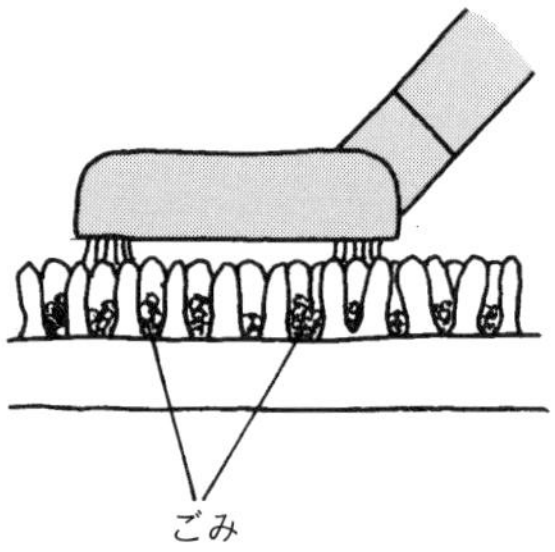

カーペットは吸引力を強くして、毛足の奥のごみが取れるようにゆっくり掃除機を動かします。

●部屋の隅

部屋の隅はノズルを替えてきちんと掃除します。

3 バケツでぞうきんをすすぐ・絞る

●バケツの中でぞうきんをすすぐ

バケツの水は６分目位にします。たくさん入れると水はねが多くなってしまうことを教えます。バケツの中でしっかりぞうきんをすすがせます。

●絞る

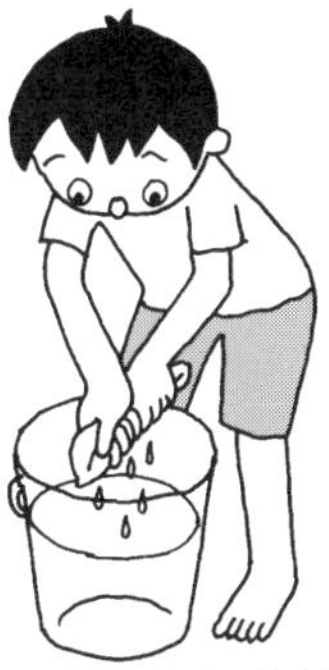

ぞうきんは、しっかりかたく絞ります。水面に近い位置で絞るとあまり水がはねないことを教えます。

4 ぞうきんで拭く

●床を拭く

腰をおとして力を入れて拭きます。

●面を替える

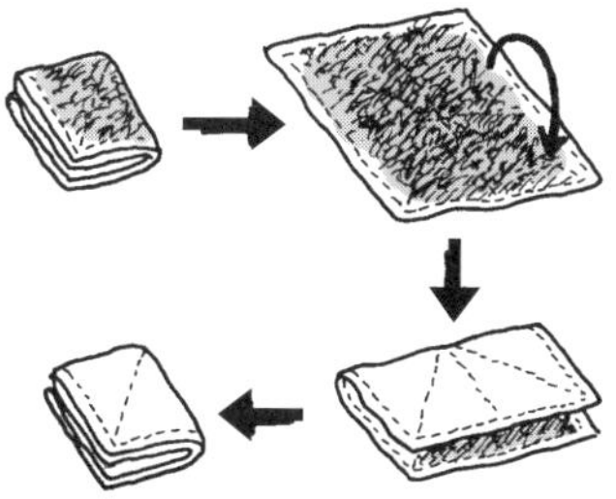

ぞうきんは手の大きさにあった大きさに折って使います。汚れた面は中に折り込み、きれいな面で拭きます。

5 窓ガラスを拭く

●ぞうきんで拭く

ぞうきんは２枚用意します。まず、濡れたぞうきんで窓を拭きます。そのあと、乾いたぞうきんで水を拭き取り、仕上げをします。

●クリーナーを使う

クリーナーを使う時も、ぞうきんは２枚用意します。窓にクリーナーをつけてぞうきんで汚れを拭き取った後、もう１枚で仕上げをします。

●新聞紙を使う

湿らした新聞で汚れを拭き取ったあと、乾いた新聞で仕上げる方法もあります。

17 トイレをきれいに

アドバイス

小学校高学年になると、トイレの掃除当番をやっている学校があります。でも、トイレ掃除は子どもたちが一番嫌がる仕事です。トイレは「くさい」「汚ない」という理由からです。

レストランやデパートのトイレがいつもきれいで気持ちが良いのは、ていねいに掃除をしてくれる人がいるからです。家のトイレも、いつもきれいに掃除をしていれば気持ちが良いことに気づかせましょう。昔からトイレを見ればその家の暮らしぶりがわかると言われるほど、トイレは家全体の掃除の様子を表わすのです。

トイレは、汚ない場所ではなく、きれいにしておくべき場所です。トイレの掃除はとても大切なことで、子どもたちにもそのことをしっかり伝え、お手伝いの重要性を教えると、案外責任を持ってやるようになるものです。

1 トイレを掃除する

●便器の内側

ブラシの毛の向きをいろいろと変えると、隅までこすることができます。

●便器の外側

外側もけっこう汚れています。よく絞ったぞうきんで拭きます。

●床

床は最後に拭きます。便器の掃除で飛び散った水も一緒に拭き取ります。

2 タオル・マットを換える

●タオルを換える

手ふきタオルはいつもきれいなものを掛けておきましょう。掃除の時に限らず汚れていたらすぐに取り換えます。

●便座カバーやマットを換える

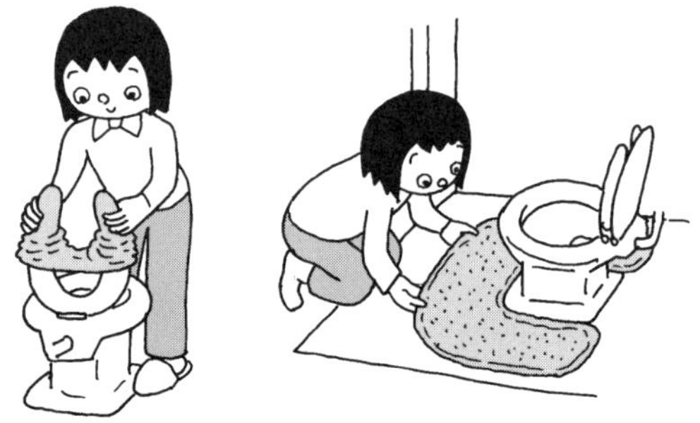

トイレマットや便座カバーもかなり汚れるものです。換えのある場所を教え、忘れずに換えさせます。

3 トイレのきれいな使い方（和式）

●前の方に立つ

便器の真ん中より少し前の方に立ちます。
しゃがんだ時に、お尻が便器からはみ出さないように教えます。

●しゃがみこむ

しゃがむ時は、お尻を落として深くしゃがみこみます。

●流す

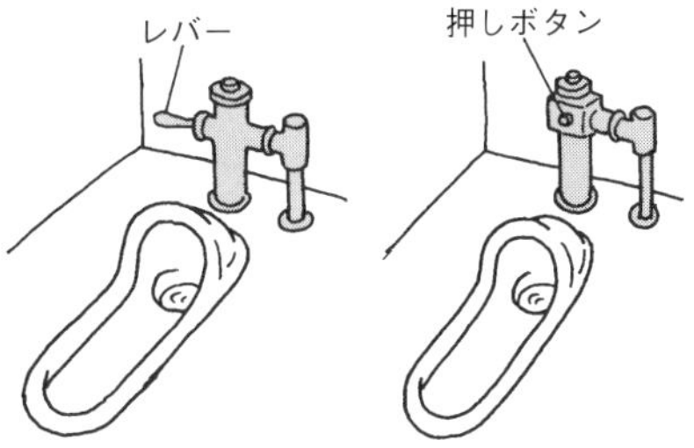

水を流すレバー（ボタン）を確認します。忘れずに流し、流れたかどうか便器を確認してトイレを出るように教えます。

4 トイレのきれいな使い方（洋式）

●正しい位置に立つ・座る

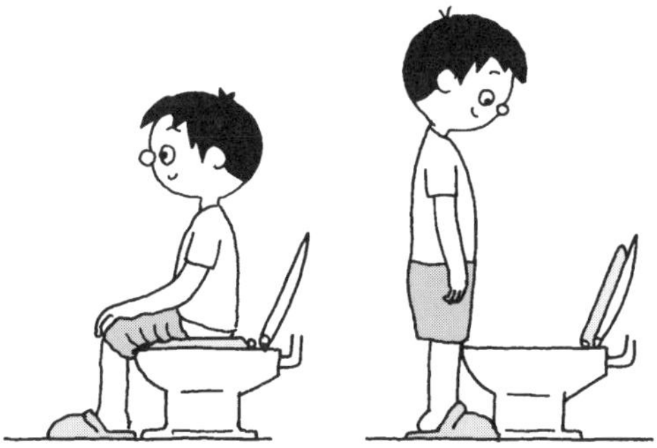

あわてないで、きちんと座ります。
男子の小便は、便器にしっかり近づいて立ち、まわりを汚さないように慎重にするように教えます。

●手を洗う

使用後は、きちんと流すと同時に、手をしっかり洗います。水を飛び散らせないように手をよく拭きます。

5 トイレットペーパーを補充する

トイレットペーパーがなくなったら、次の人のためにも、その場で取り換えます。芯はごみ箱に捨てましょう。

ポイント

<トイレはいつもきれいに>

汚れがひどくなるとトイレの掃除はたいへんです。大人だってうんざりします。家のトイレも公共のトイレもみんなが使う場所であることを教えます。

家のトイレを自分で掃除をするようになると、自然と汚さないように使う気持ちが生まれてくるものです。それでも汚れてしまったら、その場で拭き取ったり、掃除をしたりするように教えます。

特に男の子はオシッコがはみ出してしまうことが多いようです。お父さんが上手な使い方を教えてやるのもいいですね。

18 家の中のちょっとした作業

アドバイス

家の中には、子どもにもできる細々した作業がたくさんあります。子どもにとっても、道具などを使った作業は楽しいものです。

ただし、はじめは子どもと一緒に作業をして、やり方を教えたり、注意すべきことを伝えたりすることが必要です。また、使う道具を一箇所にまとめておくこと、作業が終わったら片づけることやごみの処理をすることも教えましょう。

子どもにとっても、自分が頼りにされていると感じることは、うれしいものです。子ども自身、実際に作業が割り当てられ、失敗もしながら、継続して行なうほどに技術が向上して、手際も良くなります。そこに「ありがとう、とても上手だね」「頼りになるな！」という言葉が加われば、最高の気分でしょう。

以下は、子どもにもできる作業の一例です。

1 みんなの靴を磨く

●スニーカーを洗う

靴にも布製、合成皮革、革製などさまざまな素材があることを教えます。布製のスニーカーなどは、汚れていたらぞうきんで拭きます。汚れがひどい時は洗ってから乾かします。

●革靴を磨く

革靴の場合は、手に持って、乾いたぞうきんやブラシでこすってよごれを落とします。できれば靴クリームを塗って磨くことを教えます。

2 壁の落書きを消す

●水性ペンの落書き

水性のペンで描かれたものは、濡れたぞうきんで何度もこすります。なかなか消えない時は、落書きが良くないこともわかるので一石二鳥です。

●油性のペンを消す

油性の場合は、専用液が必要です。専用液を使う場合は、注意書きをよく読み、換気や火気に気をつけるなどの注意点を教えます。

3 シールをはがす

●ガラスに貼ったシール

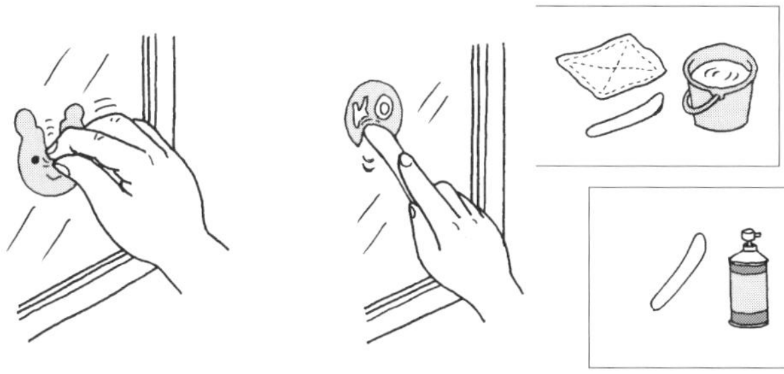

金属やガラスなどに張りついたり、新しく貼られたものは、爪でこすってはがせます。へらを使ったり水で少し濡らすと、より効果的です。

●家具についたシール

古いシールをはがす時や、はがした後のかすを処理する時は、専用液が必要です。注意書きをよく読み、使い方を教えます。

4 電池を交換する

●どんな電池かな？

どれを入れるのかな？
単1 単2 単3 単4

電池には種類があります。また、器具によって使う電池もいろいろです。交換が必要な器具の電池は、どの種類か調べることが必要です。

●新しい電池を正しく入れる

古い電池は捨てる
電気店

交換する時は、すべての電池を一度に新しいものに換えます。＋－の向きに気をつけて入れさせます。また電池の分別処理も教えます。充電池の場合は不要になったら販売店へ持って行きます。

5 ドアの蝶番《ちょうつがい》などに油をさす

●油をさす前に

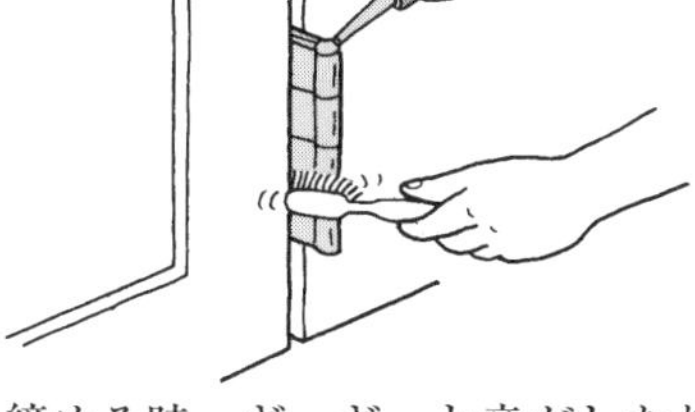

ドアを締める時、ギーギーと音がしたり、締めにくくなったら、蝶番の汚れやごみを歯ブラシなどで取り、油をさします。子どもと家中のドアや扉を点検しましょう。

●綿棒を使うとよい

油をつけすぎると、油がたれて床や絨毯《じゅうたん》を汚すこともあるので注意が必要です。綿棒などにつけて塗る方法を教えましょう。

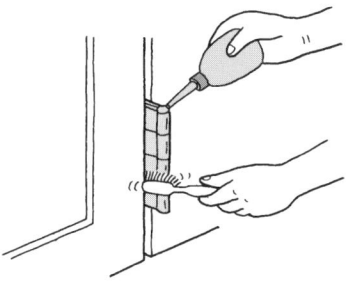

19 大工仕事

アドバイス

大工仕事は子どもには無理？　そんなことはありません。子どもでもできる作業はあります。小学校でも、中学年になると図工の時間に、いろいろな木ぎれを材料として、金づちやクギを使った工作をします。近頃は、その時になって初めてクギを打つという子どもが増えています。

はじめは慎重な子どもたちも、慣れてくると図工室いっぱいに金づちの音を鳴り響かせます。子どもは基本的には大工仕事のようなことが好きです。ただし、大工仕事にはいろいろな道具やその使い方についても知識が必要です。まずは、習うより慣れろです。子どもと一緒に作業をしながら教えてやります。はじめはうまくいかなくても、だんだんと上手になります。

また、けがをしないような大人の配慮、ケガをした時の処置も怠らないようにします。

1 クギを打つ

●手を板につけるようにする

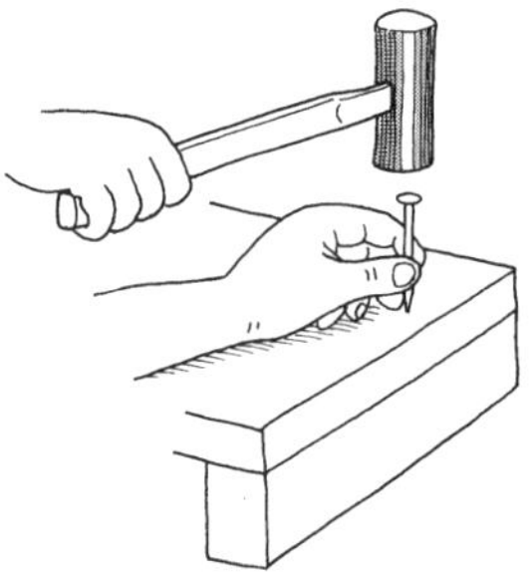

事前にキリなどで穴をあけます。穴にクギを垂直に立てて、親指と人差し指でつまんで支えます。

●金づちの下の方を持ち、肘を中心として振りおとす

はじめは軽く、クギが安定したら手をクギから離し、板を押さえて強く打ちます。

●仕上げ

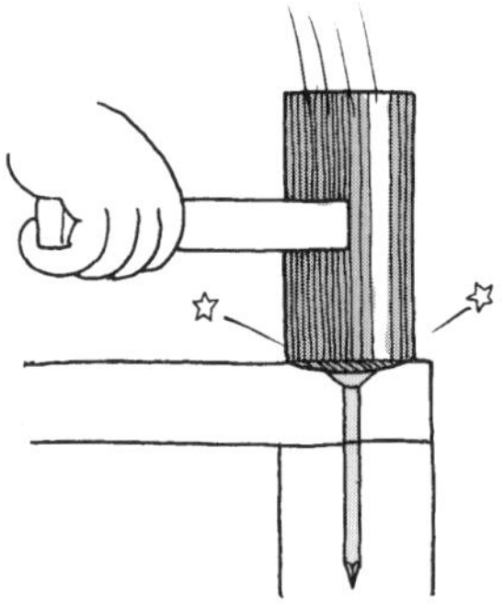

最後は、金づちの丸みのある方でクギを打ち込みます。

2 ドライバーでネジを締める

●ネジもドライバーも２種類

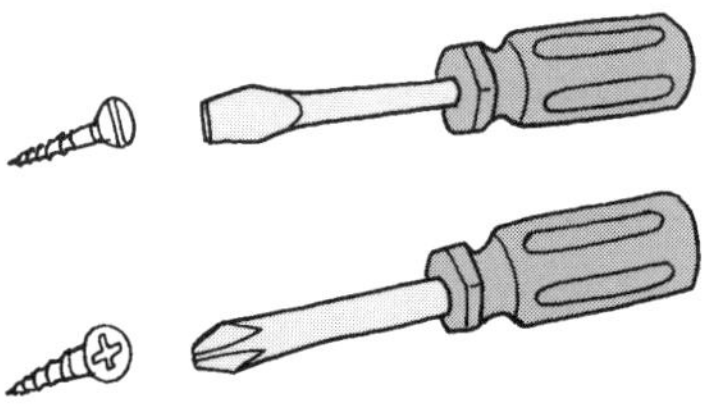

ネジとドライバーにはマイナス（−）とプラス（＋）があります。ネジの形によってドライバーを選ぶことを教えます。

●正しく、しっかり締める

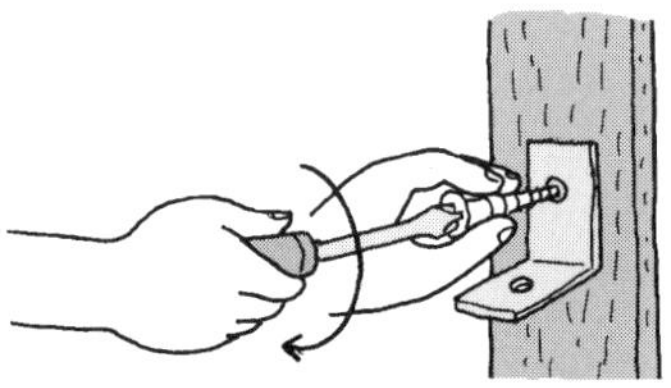

右手でしっかり握り、締めつけること。左手は支えたりすることを教えます。

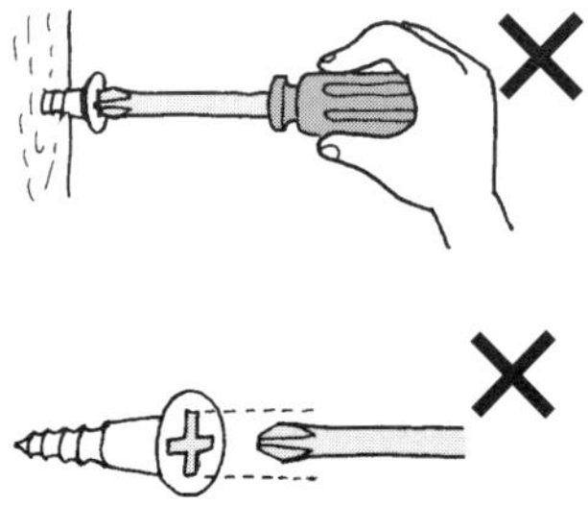

ドライバーの握り方がまちがっていたり、ネジ山とドライバーの大きさが合っていないと、うまく締めつけられません。

3 お父さんと棚を作る

その調子！

作る前に計画を立て、それに合わせて道具を揃え、材料を用意します。親子で一緒にやることによって、作業の手順が自然と身につきます。

危険な作業でないかぎり子どもにやらせます。失敗した時には、コツや技術を教えます。自分で作業をやり遂げた満足感は、次の作業への意欲を育みます。

4 ペンキを塗る

●塗る前

マスキング
新聞紙
マスキングテープ

乾いたぞうきん、紙やすりなどで汚れを落としたら、新聞紙をしき、塗らない部分にはマスキングテープを貼ることを教えます。

●塗る作業

塗料
3分の2

ペンキはよくかき混ぜます。ハケの3分の2ほどにペンキを付け、よくのばしながらていねいに塗ります。

●片づけの時は、大人も手伝う

こぼれたペンキを専用液などで拭き取ります。道具はよく洗ってからしまいます。

5 生活体験としての大工仕事

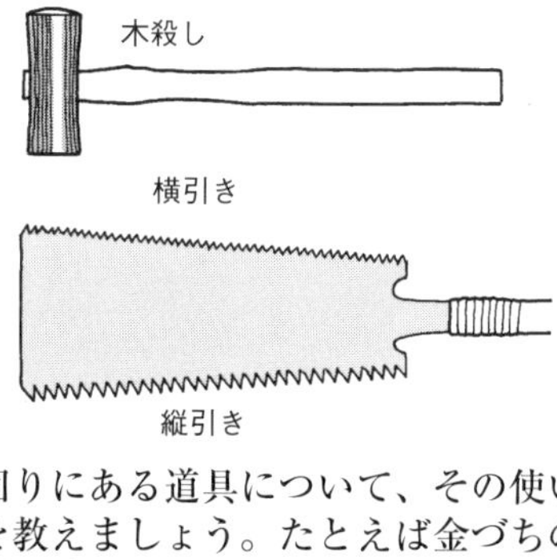
木殺し
横引き
縦引き

身の回りにある道具について、その使い方や特性を教えましょう。たとえば金づちの頭部の両面の違いを教えると、クギを打つことにも関心が深まります。

ポイント

<子どもに役立つ大工仕事の要素>

最近の調査は、クギを打ったり、のこぎりで木を切ったりすることが上手にできる子どもが年ごとに減っていることを報告しています。当然、道具の使い方も知りません。生活の中で、このような体験をする機会が減ってきているからです。

大工仕事では、お手伝いというだけではなく、手先の器用さや、作業の手順、片づけ、ケガをした時の対応など、子どもが生きていくのに役立つさまざまな体験ができます。子どもと何を作るか一緒に決め、出来映えは二の次にして、一緒に作ってみましょう。

20 おやつ作り

アドバイス

おやつは、子どもにとって第四の食事です。三度の食事では足りない栄養の補給という重要な意味を持ち、2歳くらいまでなら、1日2回、2～3歳以上では、1日1回は必要です。

また、おやつは子どもにとっては、このうえもなく楽しみなものです。家族や友だちと一緒に作って楽しいひとときを過ごすことは、体の栄養のみならず、心の栄養にもなります。

小学校の食指導の授業の中に、「かしこいおやつの食べかた」があります。

子どもたちのアンケート調査の結果を見ると、コンビニなどで購入した清涼飲料水やスナック菓子を食べている状況が浮き彫りになり、カロリーの取り過ぎやビタミン不足の現状が明らかになりました。健康的な手作りおやつは子どもの将来の健康にも大きく左右します。

1 トースターで冷凍ピザを焼く

●ピザをオーブントースターに入れる

電熱管にさわってやけどをしないように注意。

●スイッチを入れる

焼き時間は5分くらい。

●焼けたらお皿にのせる

大き目のものは均等にカットします。

2 ホットケーキを作る

1人分材料＝ホットケーキミックス200g　卵1個　牛乳140ml

●ボールに卵と牛乳を入れ、ホットケーキミックスを加えまぜあわせる

クリーム状になるまで混ぜます。

●ホットプレートを熱し油をひく

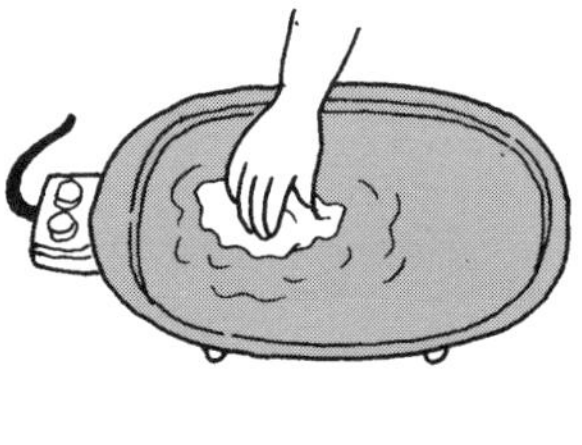

設定温度は、170℃に。

●生地を丸く流し入れて焼く

はじめに3分半くらい焼き、裏返したら2～3分焼きます。

3 牛乳でココアを作る

1人分材料＝牛乳１カップ　ココア大さじ１　砂糖大さじ１

- なべにココアと砂糖を入れて、よく混ぜる
- さらさらになったら、牛乳を少し（大さじ２）入れてよく練る
- 弱火にかけ、牛乳を加えながらよく練る。沸騰したらできあがり

やけどに注意
こぼさないように

4 ミキサーでバナナジュースを作る

１人分材料＝バナナ１本　牛乳１カップ　蜂蜜大さじ１

- ミキサーに牛乳と蜂蜜を入れ、ふたをして10秒くらいかける
- バナナを入れて20秒くらいかける
- コップにそそぐ

しっかり押さえましょう

5 ゼリーをつくる

１人分材料＝ジュース70cc　粉寒天0.5ｇ　水20cc　砂糖3ｇ

- 鍋に寒天を入れてかき混ぜながら煮溶かす

US

寒天を完全に煮溶かすことがゼリーの固まるポイントです。

- 砂糖、ジュースを入れて混ぜ合わせたら火からおろす

ジュースはりんごやグレープ、オレンジを使います。

- 容器に流し入れて固める

US

常温でも固まりますが冷やすとおいしくなります。果肉を入れてもいいでしょう。

21 ひとりで留守番

アドバイス

最近は、両親の共働きや、兄弟が少なくなったことなどで、子どもがひとりで留守番をしながら家族の帰宅を待つ、という家庭も増えています。

また、「ちょっと買いもの」と家に子どもを残して大人が用事で出かけることもあります。

子どもだけでの留守番の時、子どもは、いったい何をしたらよいでしょうか？

留守番中の訪問者・電話などの対応は、子どもの社会性・マナーのしつけにもつながります。言葉づかいを学ぶ機会でもあります。事前に子どもと話し合い、留守番に必要な知識を教えておきましょう。

ひとりでの留守番は楽しそうですが、不安でもあります。子どもが安心して留守番ができるようにしてやりましょう。

1 戸締りをする

●ドアはカギをかけてあるか？

チェーンもかけておくことを指示します。

●窓をチェックする

窓が開いていたり、カギがかかっていないと、外から不審者に入られる危険があります。窓にもカギをかけておきます。

2 お客さんが来たら……

●インターホンやドア越しに相手を確認

どなたですか
生活協同組合ですが、ご注文の品お届けにあがりました

誰が来たのか確かめることを教えます。

●ドアはすぐに開けないように

BW

のぞき穴やドアのすき間を利用して訪問者を確認してから応対させます。

3 宅配便が来たら……

●荷物を受け取る　●どこに置こう？　●受け取っていいか迷ったら……

あとでまた来てください

ハンコの置き場所を教えておきます。

子どもが低学年の場合は、「今、家の人がいないので、また来てください」と対応するように教えます。

4 家の人がもどったら報告する

●留守番中にあったこと、変わりはなかったか　●電話・お客さんはあったか

○○です。
お母さんが戻られたら
お電話くださるように
伝えてちょうだい
ハイ
NY
自治会費いただきにあがったんですが
いま、家の人が留守なんです

いつ、誰が、どんな用事で来たか、どう対応したか、順を追って報告させます。

●宅配便、どうする？

宅急便

●電話、どうする？

●回覧板……

ポイント

＜留守番の決まりごと＞

留守番をさせる時は、来訪者などへの対応のしかたを事前に決めておきましょう。

そして、帰ったら子どもに留守中の出来事を報告させて、ひとりの留守番が子どもにとってどんなに不安が大きいことか認めてやり、留守番してもらってとても助かったことを伝えましょう。

また、留守番での決まりごとなど、もう一度、子どもとひとつひとつ確認し、家で待っている子どもが不安にならないように、お手伝いができるようにしてやることが大切です。

22 電話やお客さんへの応対

アドバイス

家に誰も大人がいない時は、子ども自身が電話にもお客さんにも対応しなければなりません。また大人がいても、家事などで手がふさがっていたら子どもが対応することになります。

電話は、こちらの名をなのる、相手の名前を聞くなど、応対のしかたを簡単に箇条書きにして張り出しておけば、子どもの参考になります。

お客さんへの対応のしかたは、大人が一緒の時にまず手本を見せましょう。次の機会には子どもに応対させ、おかしなところや、うまくできたところをその場で寸評して参考にさせます。

宅配便などを装った犯罪など、物騒な時代です。事前に、「○○○の人には、この対応をする」と決めておきましょう。ドアにチェーンなどを付けて、カギを開けてもすぐにはドアが開いてしまわないようにしておくことも必要です。

1 電話に出て応対する

●こちらの名をなのる

ハイ、
○○です
ABC

姓をはっきり言います。

●相手の名前を聞く

どちら様ですか？
どんなご用でしょうか？
ABC

相手の名前、用件を聞きます。わからなかったら、聞き返します。できれば復唱します。

●メモを取って報告する

○○さんから
PTAの役員会のけんでおでんわしました。またあとでおでんわします

復唱する時などにメモします。電話のそばには筆記用具とメモ用紙を置きます。

2 集金に来た人に対応する

●用件を確かめたら家の人に取り次ぐ

新聞代の集金です
ハイ、ちょっとお待ちください

インターホンなどで用件を聞きます。集金であることがわかったら、家の人に伝えます。

●家の人が留守の場合

新聞代の集金です
いま、家の人がいないんです

インターホン越しに「今、家の人がいません。あとで来てください」と対応するように教えます。

3 宅配便を受け取る

●チェーンをつけたままで応対する

?

万一不審者であってもチェーンロックで危険をふせぐことができます。

●荷物を受け取り、伝票にハンコを押す

宅配便と確認できたら、ハンコを押して受け取ります。
代引きの宅配便など、受け取っていいか判断ができなければ、出直してくれるように言います。

●配達の人にあいさつ

ありがとう
ございました。
ごくろうさま
でした

4 お客さんをもてなす

●スリッパ・座ぶとんの用意

玄関のスリッパは揃えて置きます。

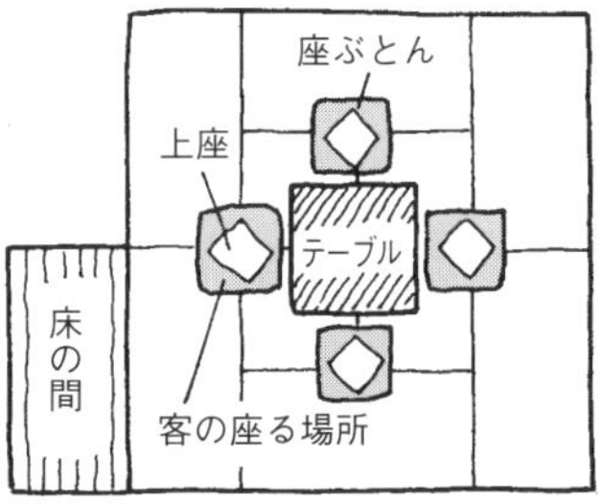
座ぶとん
上座
テーブル
床の間
客の座る場所

上座にお客さまが座ります。

●お茶を出す

どうぞ
絵柄をお客のほうに向ける

茶たくにのせて、お客さんの正面からお茶を出します。

5 応対のしかたを書き示す

《でんわ》
・ハイ, ○○です。
・どちらさまですか。
・どういった
ごようけんですか。
・しつれい
いたします。

ポイント

<言葉づかいは正しく>

子どもにとって、電話に出たり、お客さんに対応することは、はじめからうまくやれることではありません。臨機応変が必要で、経験の積み重ねによって対応ができるようになります。

敬語も正しく使い分けねばなりません。はじめは大人がそばについて、あやまった言葉づかいをしたら、その場で直しながら対応させるとよいでしょう。

電話は、対応のしかたを書いてやると、わかりやすいでしょう。電話に出る以上はきちんとした対応をするという心構えをもたせることも大切なことです。

㉓ 食卓の用意

アドバイス

食卓のお手伝いは、小さい子どもでもやりたくてしかたがないものの一つです。また、食事自体がお腹をすかせた子どもにとって、何よりの楽しみです。

テーブルを拭いたりお箸を並べたりなど、家族それぞれが自分のできることで食事のお手伝いにかかわることは大切なことです。どんな小さなことでも、その子どもに合ったお手伝いをさせて、小さいながらも家族の一員として認められたという自信を持たせましょう。

ごはんは向かって左側に、みそ汁は右側に、おかずは向こう側にというのが和食の並べ方の基本です。毎日基本をくり返し、子どもが小さいうちにきちんと並べ方を教えましょう。また、箸、スプーン、フォークなどの正しい置き方も身につけておくとよいでしょう。

1 食卓を拭く ― 食事の前後

●食卓の上のものを片づける

おぼんに、むりにのせすぎないようにします。

●台ふきんで拭く

台ふきんはよく絞って拭きます。

●テーブルの側面も忘れずに

拭き残しのないようにていねいに拭きます。

2 お給仕をする

●ごはんはふっくらとよそる

ヘラで上を押さえないようにします。
ごはん茶わんはふちを持ちます。

●みそ汁は具を均等に入れる

みそ汁は、全部の具を入れるように教えます。

3 食器を並べる — 配膳

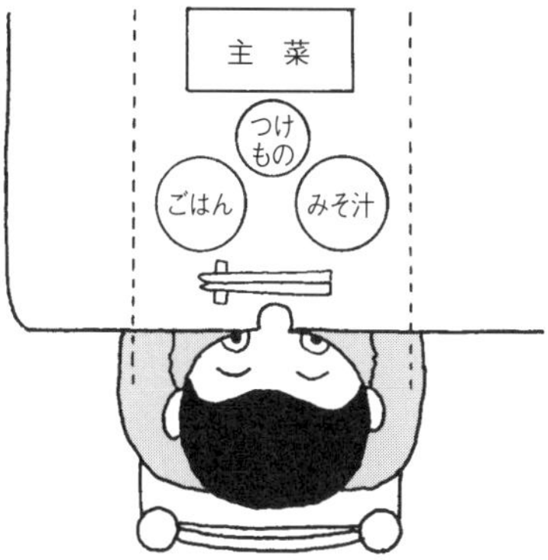

イスにすわる人の肩幅ぐらいの範囲に一人分の食器を並べます。

熱いものは少しずつ運びます。おぼんをしっかり持ちます。

4 食器を片づける

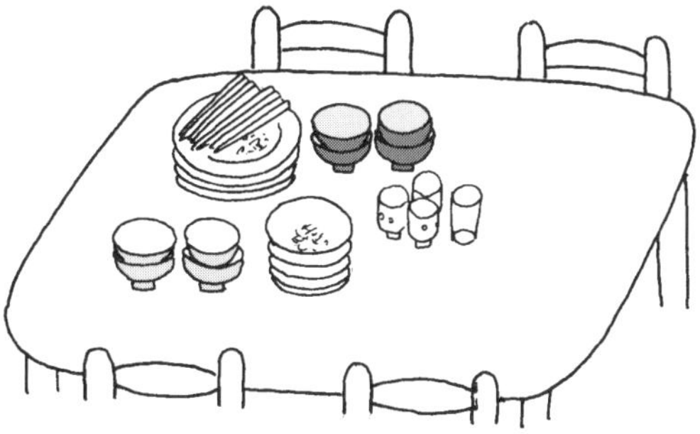

同じ食器は同じ所に集めます。

油けのないものから運びます。

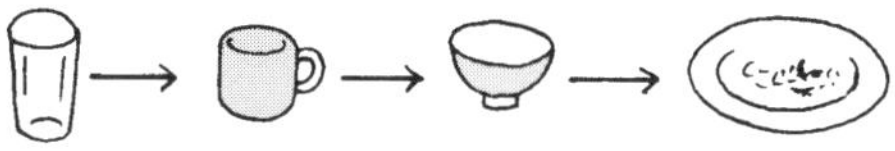

無理しないように少しずつ運びます。

5 食器を食器棚にしまう

大きいものや重いものはひとつずつしまいます。

手の届かない高い所は無理しないように注意します。

24 食事の後片づけ

アドバイス

食事の後片づけは、お腹いっぱいになった子どもにとっては少々いやな仕事でしょう。また、もし子どもがやりたいと言っても、二度手間になるからと大人のほうが遠ざけてしまっているかもしれません。でも、後片づけがされなければ、食事は終わりません。お手伝いをさせて、テーブルや食器、流し台がすっきりときれいに片づく気持ち良さを経験させましょう。

すべてを子どもにやらせようとせず、傍らに立って残り物の片づけ方や洗い方の手順を教えましょう。お皿やコップは、洗剤ですべりやすく、落として割ることもあります。ていねいに作業ができるように、心にも余裕を持たせましょう。フライパンやお皿の油汚れは、大きめなゴムべら（市販されています）で、汚れを落としてから洗うと、洗剤も水も少なくてすみます。

1 食べ残しを処理する

●残しておく物

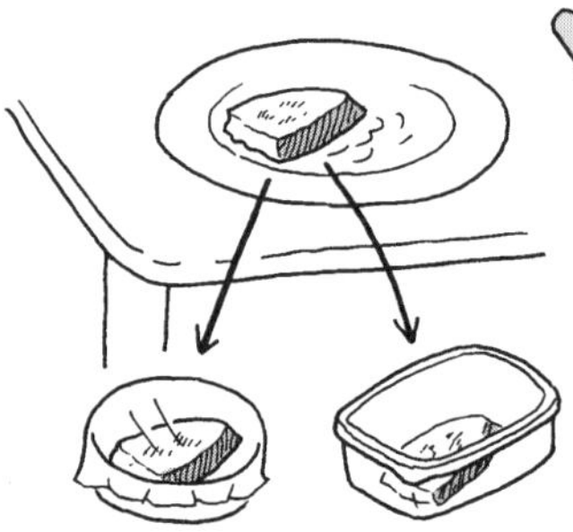

小皿に入れてラップをするか、パックに入れます。

●捨ててしまう物

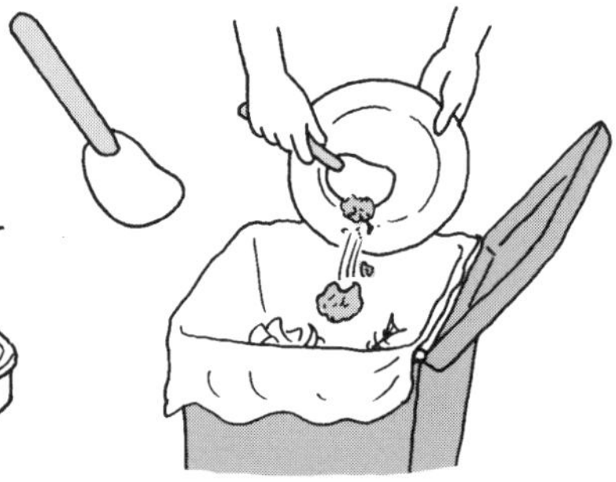

油汚れや食べカスはゴムべラでこすり取り、生ごみの容器に捨てます。

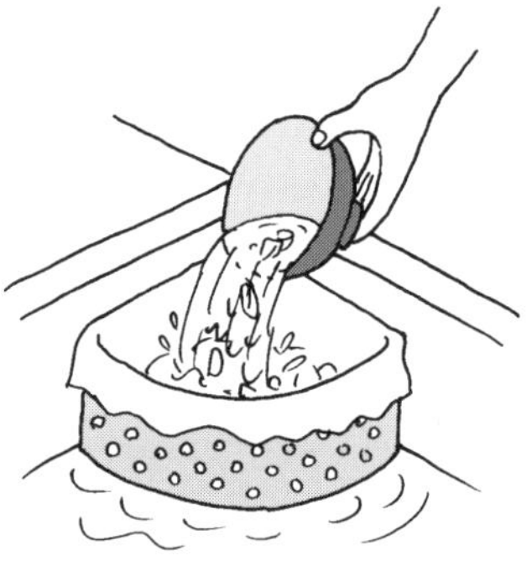

汁気のある食べ残しは三角コーナーに入れ水分を切ります。

2 冷蔵庫に残り物をしまう

ラップや容器のフタはしっかりしめます。

熱いものはさましてから冷蔵庫に入れます。

残り物がいつまでも入っていないかときどき点検します。

3 食器を洗う前に

踏み台を用意し、流し台で洗いやすいようにしてやります。

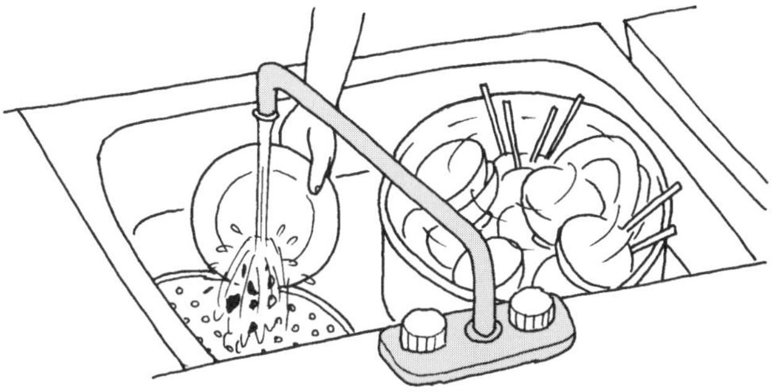

お皿についた汚れはヘラで落としたり、水で洗い流して三角コーナーに入れます。

洗いおけに水をはり、お茶わんなどにこびりついている汚れをふやかします。

4 食器を洗う

●コップ

油けのないものから洗います。
すべりやすいのでしっかり持ちます。

●茶わん

汚れがたまりやすい底や糸じりもしっかり洗います。

●お皿

大きいお皿は流し台に置いて洗います。

5 おかまやおなべを洗う

底に水をはってふやかしておきます。

内側を洗います。

まわしながら外側や底を洗います。

25 ごみ出し

アドバイス

生活が便利になり物が豊富になるにつれて、ごみの種類も量も、とても多くなってしまいました。家庭からも、毎日毎日ごみがたくさん出ます。家庭のごみを上手に処理しないと、家の中が乱雑で不衛生になります。

できるかぎり、ごみになるものを家に持ち込まないように、捨てる時のことを考えて買い物をする習慣を身につけましょう。

ごみを集積所に出す場合にも、市町村で定められているルールに従い、分別をしっかりして、資源として回収されたり、リサイクルで回収される物まで一緒くたに捨てないことです。

台所の生ごみは、庭に埋めてたい肥に、落ち葉は腐葉土にと、焼却に回さないで土に還す努力もしましょう。子どもと一緒にごみを片づけながら、たくさんの発見ができるお手伝いです。

1 家のごみを分別する

●ごみ

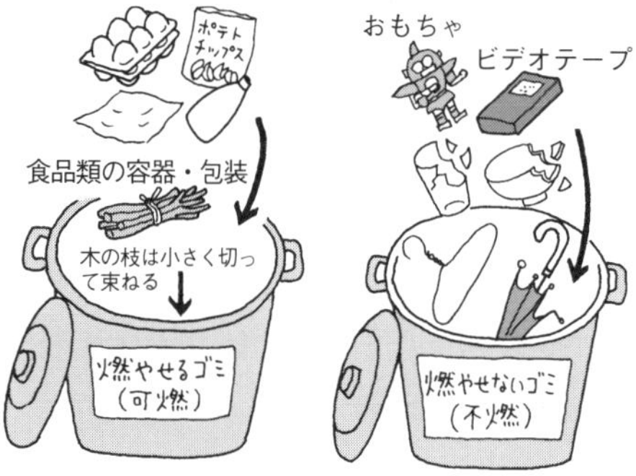
ポテトチップス
おもちゃ
ビデオテープ
食品類の容器・包装
木の枝は小さく切って束ねる
燃やせるゴミ（可燃）
燃やせないゴミ（不燃）

燃えるごみ、燃えないごみ、資源ごみ、生ごみの容器と場所と決めるとよいでしょう。

●資源となるもの

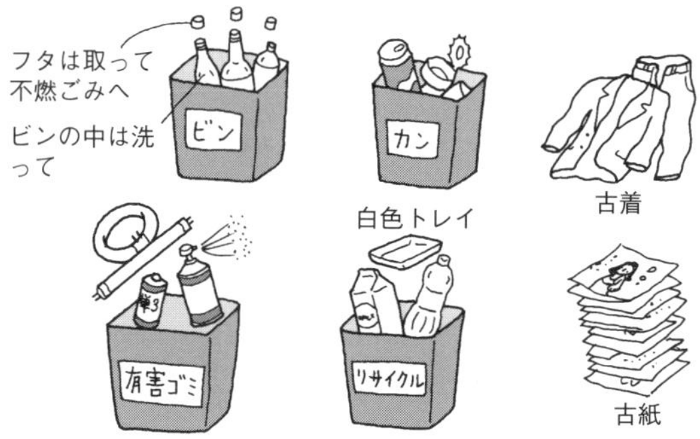
フタは取って不燃ごみへ
ビンの中は洗って
ビン
カン
古着
白色トレイ
有害ゴミ
リサイクル
古紙

市町村によって、分別のしかたが異なります。分別の表を子どもと確認しましょう。

2 ごみをまとめて袋に入れる

ペットボトルや缶はつぶしてカサを少なくしてから出します。

ビン
不燃
可燃
カン

指定されたごみ袋に分別した物を入れ、袋の口を結びます。

3 新聞・雑誌・ダンボールを束ねる

重ねて、十字にひもをかけ、しっかりしばります。

新聞は回収用の袋に入れます。

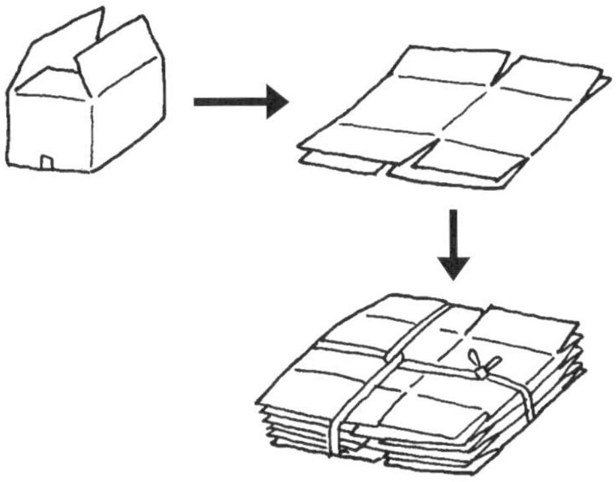

ダンボール箱はたたんでからしばります。

4 決められた日にごみ集積所へ持っていく

市町村・地区ごとに回収日、回収ごみの種類が決められています。

決められた日以外にごみを出したり、出し方のルールを守らないと、集積所やその周辺が汚れます。カラスが来る原因にもなります。

5 土に埋める

● 土に埋めると生ごみはたい肥に、落ち葉は腐葉土になります。

ポイント

＜正しい処理で快適な生活を＞

人間が生活すれば必ずごみが出ます。調理のあとの野菜くずや卵の殻などの生ごみ、飲み物のビンやカン、また着古した下着、新聞・雑誌などを好き放題に混ぜて捨てるわけにはいきません。ごみの出し方にもルールがあり、それを守ることが社会生活の基本であることを、お手伝いから学習させましょう。

今日のごみ問題は、これまでの大量生産・大量流通・大量消費に起因します。なぜ分別が必要なのか、このままごみを出し続けていくとどうなるかなど、子どもとともに考えてみたいものです。

26 お風呂の掃除

アドバイス

ほとんどの家庭にお風呂がある現在、掃除したり、お湯を入れたりと、お風呂のお手伝いをしたことのある子どもは多いことでしょう。でも、いつも自分のしごととしてやっている子どもはどれくらいいるでしょうか。というのも、お風呂のお手伝いは、けっこう重労働で、しかも冬場は寒いという難点があるからです。

子どもの気が向いた時だけやるのでは、本当のお手伝いとは言えません。継続してできるように使いやすい道具を用意したり、水に濡れても大丈夫なしたくをするなど、お風呂のお手伝いに取り組みやすくしてやることも大切です。

何よりも、「きれいなお風呂に気持ち良く入れるのは○○ちゃんのおかげね」といった言葉かけが、子どもの持続力を増加させるということを忘れないでください。

1 お風呂の水を抜く前に……

●残り湯を洗濯に使う

お風呂の残り湯は捨てずに、洗濯や掃除に使うことを教えます。

●掃除に使う

水を大切にするという意識が自然に芽生えます。

2 浴槽を洗う

●浴槽に入って洗剤をつける

外からではすみずみまで手が届きません。浴槽に入って洗います。洗剤はつけすぎないようにします。

●スポンジでこする

汚れのひどい場所や底はとくにていねいにこすります。

●洗剤を流す

アワがなくなるまで、シャワーでよく流します。

3 洗い場やおけなどを洗う

●床を磨く

床の材質に合うスポンジやタワシに洗剤をつけてこすります。隅は汚れがたまるので念入りにやります。

●イス・おけ・鏡を磨く

スポンジに洗剤をつけて磨きます。

●シャワーで流す

あわがなくなるまで、きれいに流します。

4 排水口のそうじ

●排水口のゴミをとる

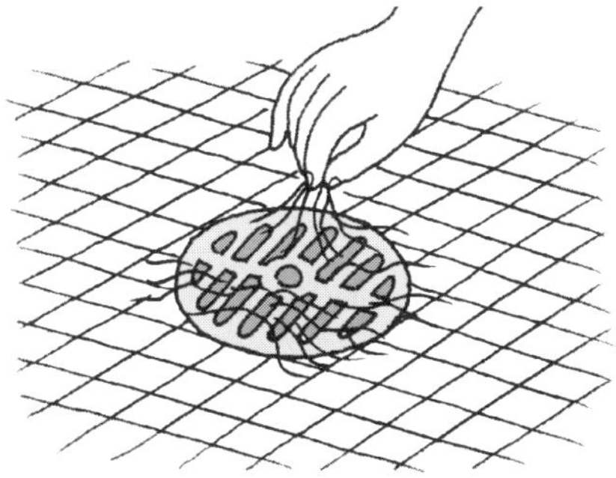

排水口には髪の毛や糸くずなどのごみが集まります。詰まって水が流れないことがあります。掃除するときにはこのごみをきれいに取り除きます。

●排水口の中を掃除する

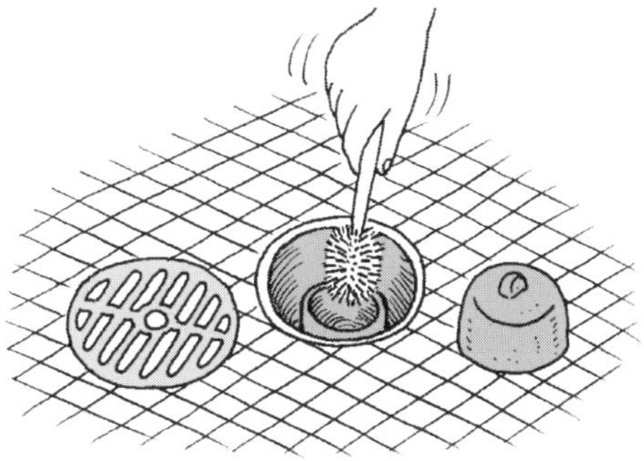

排水口のフタを取ると、下水溝につながる穴があります。アカや石けんカスなどで汚れると臭くなりますので、ときどきブラシなどでこすり洗いをします。

5 お風呂を沸かす

●栓をきちんとする

栓がずれていると水がたまりません。

●水（お湯）の貯まる時間を計る

入れはじめの時間をメモして計ります。何回か繰り返せば10分とか15分とか目安がつきます。時計を見る学習になり、時間の感覚も育ちます。

●湯加減をみる

熱いお湯は軽くて水面に、冷たい水は重くて底の方にあります。良くかきまぜてから湯加減をみましょう。

27 玄関の掃除

アドバイス

玄関は、「行ってきます」「ただいま」と、家族も頻繁に出入りをくり返します。また、いろいろな来訪者もあります。なかには、玄関先で用件を済ませる場合もあります。さまざまな人が立ち寄り、目にする場所で、家の顔と言ってもいいでしょう。

玄関はいつもきれいにし、短時間の応対でも好印象を受ける場所であってほしいものです。よそのお宅を訪問した際、玄関先に脱ぎ散らかした靴やサンダルなどがあふれていると、訪問が歓迎されていないようで不愉快になります。玄関は、その家庭の暮らしぶりを表わします。

日頃から、子どもにも履き物を脱いだら揃えるように、また自分以外の履き物も揃えるように教えます。玄関掃除のお手伝いで、お客さんを迎えるマナーも自然に身についていきます。

1 履き物を揃える

●自分の履き物を揃える

自分の脱いだ靴やスリッパなど、いつも揃える習慣をつけます。

●みんなの履き物を揃える

お客さんや家族の履き物をきれいに揃えます。

2 履き物や傘の手入れをする

●靴を磨く

革靴は靴ブラシをかけてホコリを取り、靴クリームを布で塗りこみます。

●運動靴を洗う

落ちにくい汚れは歯ブラシに石けんをつけてこすります。

●雨に濡れた傘を乾かす

日陰で干し、きちんとたたんでしまいます。

3 げた箱を掃除する

げた箱から靴を取り出し、手ぼうきとちりとりで棚のホコリを取ります。

ぞうきんで棚を拭きます。

4 玄関を掃除する

●ほうきで掃く

玄関には、履き物が運んできた土や砂が溜まります。ホコリを立てないように静かに外に向かって掃きます。

●水で洗い流す

水を流すことができる造りであれば、洗い流し、モップやぞうきんで拭き取ります。

●扉を拭く

固く絞ったぞうきんで拭きます。

5 花を飾って

季節の草花や子どもが道ばたで見つけた花の一輪挿しなど、心が和みます。

ポイント

<汚れやすい玄関、いつもきれいに>

玄関はその家の「顔」です。文字通りお手入れが大切ですが、家人の出入りも多く汚れがちな場所です。

来訪者の印象がよいように、玄関は「毎日きれいに」を心がけ、履き物や傘もこまめに片づけましょう。

脱いだ履き物をきちんと揃えることを、まず大人が実行して子どもにも習慣づけましょう。

きれいに片づいて、こざっぱりとした玄関は気持ちのよいものですが、さらに草花や観葉植物など置くと、出入りする人の心も和みます。

28 家の周りの掃除

アドバイス

庭や、家の前の道は、季節や天候によって、ひどく散らかってしまうことがあります。

台風の後は、大きな枝が飛ばされてきたり、落ち葉が溜まったり、ティッシュやポリ袋などのごみが飛んで来たりします。

また、落ち葉の季節には、朝、掃いたはずなのに夕方にはまた、いっぱい葉が落ちていて、ウンザリすることもあります。

雪の日には、積もった時は雪かきをして歩道を作らなければならないこともあります。側溝のドロさらいもときどき行なう必要があります。

家に面している道は家族が使うばかりでなく、共用している場所です。汚れたら家族で掃除をして、近所同士気持ちよく暮らせるように子どもたちに教えます。近所の人への挨拶もきちんとできるようにさせましょう。

1 庭を掃除する

●ほうきで掃く

しゅろぼうきや竹ぼうきなど外専用のほうきで掃きます。土ボコリを巻き上げないようにして掃きます。

●水をまく

夏場や風のある時など水まきすると、すっきりします。

2 家の周りを掃く

家の外周りもきれいにします。ご近所との共有部分にも配慮するように教えていきましょう。

3 鎌を使って草刈りをする

手で抜き取れない雑草は、鎌を使うと便利です。刃の部分を体の手前に引いて使います。ケガをしないように注意して使います。

びっしり生い茂っている草は、根本を払うように鎌を振ると、まとめて刈れます。

4 落ち葉を片づける

集めた落ち葉は、できれば腐葉土として土に還すのがよいのですが……。

5 台風や雪のあとは

●台風の後片づけ

飛んできた枝やごみを拾います。

●雪かき

積もった雪が凍らないうちに雪かきをします。

29 ペットのフン・尿の世話

アドバイス

ペットを飼うとは、命を扱うことです。人間と同様ペットも、生まれたての赤ちゃんから成長し大人になりやがて老化していきます。ペットを飼ったその時から飼い主はペットの一生に責任が生じます。一時の興味や関心でペットを飼うのではなく、責任の重さを子どもと十分に話し合って、その種類を決めたいものです。

ペットには、毎日エサや水を与えることが必要ですし、当然、糞尿の始末をすることも必要です。イヌを飼えば毎日散歩をさせ、毛づくろいやお風呂に入れて清潔にすることも大切です。

また世話をしながら、ペットに変わったところがないか、気配りが必要です。このような命あるものへの関心と配慮は、子どもに思いやりの心と命への畏敬の念を培います。生命について子どもたちが学ぶ、格好の機会になります。

1 ペットにエサをやる

●時間・場所・回数

1日○回
よく調べてね！

ペットの種類によって、エサやりの時間・場所・回数が異なります。

●決まった量を

×2
毎日決まった量
エサの与えすぎ
肥満
病気

エサはやりすぎてもやらなすぎても病気になります。

●食器は常に清潔に

食べ残しがないか、確認します。

2 ペットのトイレの世話をする

●決まった場所なら……

取り除く
補充
砂
尿
フン

フン・尿を取って、袋などに入れてくくり、ごみと共に捨てます。
トイレに新しい砂を混ぜておきます。

おなかの
具合が
よくないわね

尿の量、フンの形・状態、回数など、毎日気をつけて見ておくと、ペットの体調の変化を知ることができます。

3 イヌを散歩に連れて行く

●時間はどのくらい？

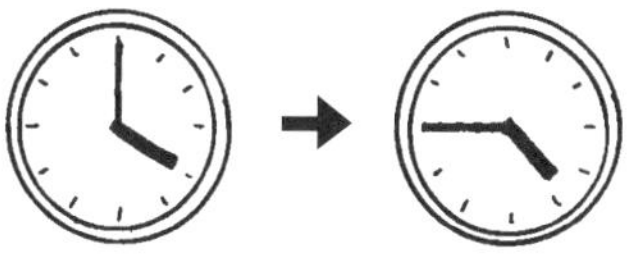

犬の大きさにより、時間や距離を考えましょう。

●リード（つな）をつけて

リード（つな）は必ずつけましょう。

●フンの始末できるかな？

フンは必ず家に持ち帰り、始末しましょう。

4 ペットにブラシをかける

●ブラシを選ぶ

※ペットの毛の状態によってブラシの種類も変わります。

毎日やることのひとつに、毛づくろいがあります。ブラシをかけてやると、皮ふ病の予防にもなります。

汚れが目立つ時はシャンプーするのもよいでしょう。定期的にやるのがいちばんです。

具合の悪いときは、動物病院で診てもらいます。かかりつけの獣医さんがいると便利です。

ポイント

<かかりつけの獣医さんを見つけておく>

イヌやネコの一生はだいたい10〜15年と言われます。彼らの生活は飼い主しだいで、心地良い生活にもひどい生涯にもなります。大切な命の扱いかたを子どもに伝える意味でも、家族の一員として、ペットの過ごしやすい生活環境を作ることが大切です。

また、ペットはいつ病気をしたりケガをするかわかりません。近所の動物病院など、かかりつけの獣医さんを見つけておくとよいでしょう。イヌやネコなど、大きなペットは毎年の予防注射、治療費、エサ代などでかなりの出費があることも考慮する必要があります。

30 汚したら自分で洗濯

アドバイス

週末は学校から体操着や上履き、給食当番の白衣など持ち帰ることが多いのでたくさん洗濯物があります。はじめから全部ひとりでやるのは子どもの負担になるので、どれか一つから始め、段階を追って増やしていくようにします。汚れがひどい時は洗剤液につけておいてから洗うと落ちやすいことを教えます。物によっては洗濯ブラシを使い、ハンカチなどの小物はお風呂に入った時に洗ってもよいでしょう。

自分で洗濯をしてみて親の家事の大変さを理解することにもなり、また自分の汚れ物を自分で洗うことは自立への一歩になります。子どもが洗濯できたら、大人は、「ありがとう。えらいね。洗ってくれて助かるわ」と、ねぎらいや感謝の言葉を積極的にかけましょう。子どもは満足し、またやろうという気持ちになります。

1 自分で汚したものを洗う

●衣服

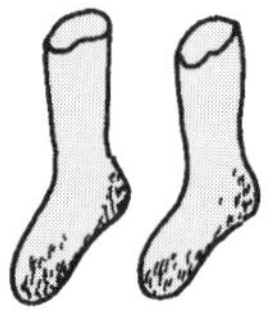

汚れたくつした

食べこぼしのしみがついた衣服

ドロはねがついた体操着

給食当番の白衣

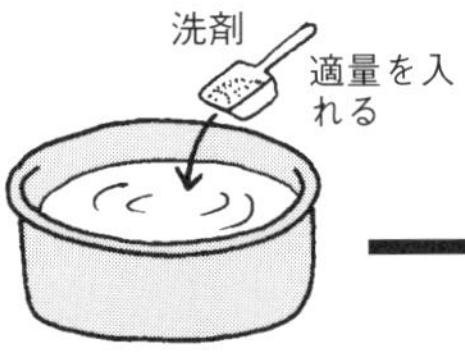

たらいに風呂の残り湯をくみ洗剤を入れ泡立てます。

しばらくつけておきます。

汚れているところをつまみ洗いやもみ洗いをします。

よくゆすいだら洗濯機の脱水にかけます。

●布靴

運動靴についたどろをかわかしブラシで落とします。ひもぐつはひもをはずしてから洗うと内側が洗いやすくなります。

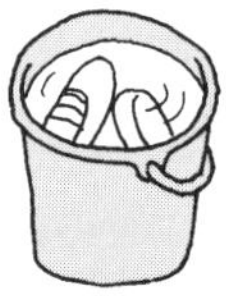

洗剤液につけておきます。

ブラシでよくこすります。内側もよくこすりましょう。

すすぎます。ブラシで洗剤をこすりながら汚れを落とします。

洗濯機の脱水にかけます。(かけない場合はよく水を切ります)

日光にあてて乾かします。たてかけるように干します。

2 自分の下着を洗う

小さじ１杯の
洗剤

洗面器で手洗いしたら、絞って脱水にかけて干します。

お風呂のついでに洗うこともできます。

3 大きい物も洗濯してみよう

お天気の良い日に自分のシーツやふとんカバーを洗います。

パン
パン

洗濯機が止まったらすぐに取り出したたみます。
たたんだまま両手ではさむようにしてたたいてシワを取ります。

もの干しざおを濡れたぞうきんで拭きます。シワをのばして洗濯ばさみでとめます。

4 しみ抜き

●しみがついたら早めにしみ抜きする

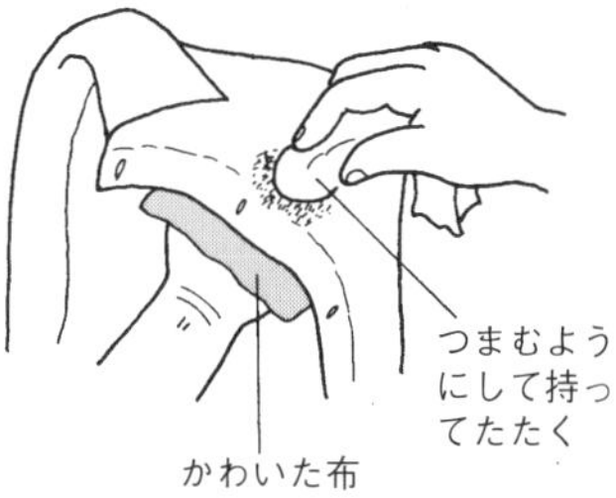
つまむようにして持ってたたく
かわいた布

内側に乾いた布をあてしみがついた部分を濡れた布で軽くたたきます。洗剤を少し含ませた布でたたいてから濡れた布でたたくと汚れが落ちやすくなります。処理する時間がない時は水につけておくだけでもしみをうすくできます。

ポイント

＜清潔であることは心地良い＞

きれいに洗濯された衣類を身に着けるのは気持ちが良いものです。反対に汚れた衣服を何日も身に着けていて平気でいられるようでは困ります。不潔に対して無関心であるというのは、社会生活を送るうえでも他人と共に気持ち良く生活するのにも、大変支障をきたします。

清潔な衣類を身に着けて気持ちが良いという感覚は、日々の生活実感によって身につくものです。

汚したら自分で洗濯をすることにより清潔さへの関心も高まります。

31 衣服は自分で管理

アドバイス

翌日着る衣服は、子どもが自分で用意する習慣をつけさせましょう。2、3歳の子どもでも衣服に関心を持ちはじめると、「あしたこれ着る！」などと言うことがあります。子どもが大きくなっても親が衣服を用意していると、それがあたり前になって衣服への関心も育ちません。

衣服は自分を守ってくれる大切なもので、自分らしさも表現します。何を着ようかと思うと、気温の変化にも敏感になり、衣服で暑さ寒さを調整する感覚が身につきます。また明日を予測することは、明日への心構えにもつながります。

就学などを機に、明日着る衣服を自分で管理する力をつけさせたいものです。衣服の管理ができるようになると、明日持っていく物も自分で揃えられるようになったり、脱いだ衣服の整理もきちんとできるようになります。

1 洋服ダンスを整理する

●冬物・夏物は大まかに分類

冬物
夏物

シーズンが終わる時は洗濯をしてきちんと洋服ダンスの端に掛けます。

●いつも着るものはすぐ出しやすい場所にしまう

2 引き出しを整理する

●取り出しやすいようにたたんで収納

●仕切りなどを利用してきちんと収納

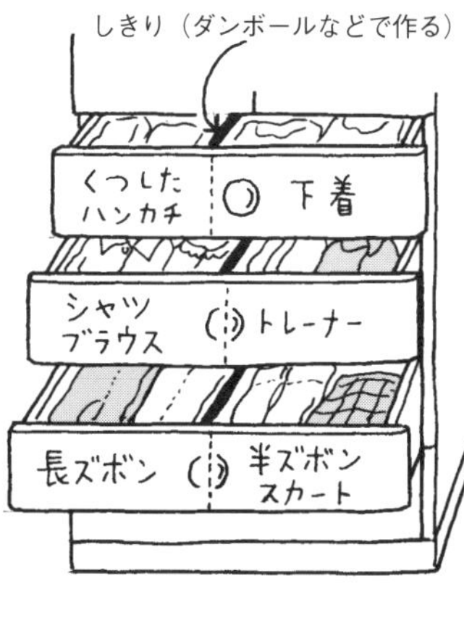
しきり（ダンボールなどで作る）
くつした
ハンカチ
下着
シャツ
ブラウス
トレーナー
長ズボン
半ズボン
スカート

3 季節ごとに衣服を分類する

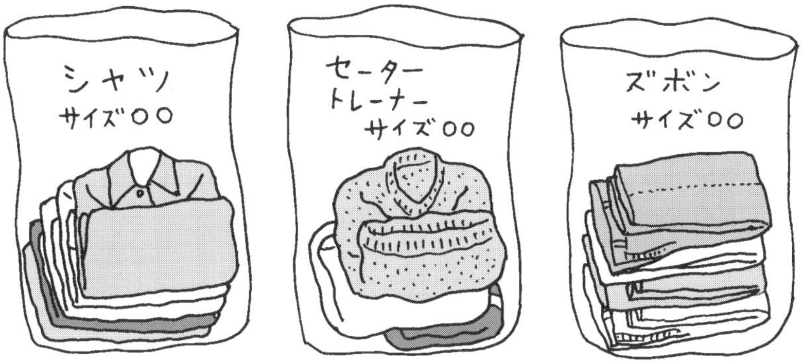
シャツ
サイズ○○
セーター
トレーナー
サイズ○○
ズボン
サイズ○○

収納する時はそれぞれを分けて袋に入れ、収納します。

サイズも書いておくと次に出す時に便利です。

4 天気に合わせて着るものを選ぶ

天気予報に興味を持たせます。

いっしょに天気予報を見て、明日の予定や行動を確認するとよいでしょう。

明日着る衣服を自分で選び、枕元や決まった所にきちんと置くように習慣づけさせます。

洗面具
ビニール
ガッパ
CUTE
1日目
2日目

自分でつめさせることが大切です。

ポイント

＜旅行の仕度も自分で＞

家族旅行や学校の宿泊訓練などの時、日数分の衣類や必要なものを小さい時から自分で用意することは、とても大切です。はじめは大人が必要なものを出しておき、子どもに自分でリュックやバッグにつめさせます。

慣れてきたら、ひとりで必要な衣服や携帯品を選ばせ、準備させます。

子ども自身が旅行などの日程や行動によって何が必要なのかを考え、準備する力を養うことは自立という意味でも大事なことです。それには日頃から衣服や日用品に関心をもたせ自分で管理させておくことです。

32 食べることだって自分で

アドバイス

子どもたちは、調理のお手伝いをしたがりますが、実際に習慣づけている家庭は、そう多くはないようです。包丁での切り傷、ヤケドなどを恐れてやらせないと、子どもが調理の技能を身につける機会を奪うことになります。

幼児期では、調理や配膳は上手にはできません。食品の包装をはがしたり、野菜の皮をむいたり、ちぎったりすることなどからやらせます。小さい頃から台所で手伝いをしていると、子どもの調理技能が徐々に高まり、ごはんが炊けたり、みそ汁が作れるようになります。

家族に食事を作りおいしいとほめられることは、子どもにとって大きな喜びです。なごやかで楽しい食事は、子どもや家族の心にも安定感をもたらします。「食べる」ことは生きること、「食」は心と体を限りなく豊かにするものです。

1 自分でごはんを炊いてみる

●お米を量ってボールに入れる

●ごみやぬかを洗い流す

●お米をといでザルにあげる

●炊飯器で炊く

あまり強くこすらない！
30分位水にひたしスイッチON

計量カップで正確に量ります。

水はボールにいっぱい入れたら捨てます。

お米をつかむようにシャシャととぎます。白く濁った水を捨てます。（2～3回繰り返す）

ザルで水切りした米を入れ米の分量の目盛にしたがって水を入れて炊きます。

2 おにぎりをにぎる

①ごはんを茶わんに七分目よそる

②種を取った梅干しをごはんの中に押し込む

梅干し

③両手をぬらして、塩を手のひらにつけ左手にごはんをのせてにぎる

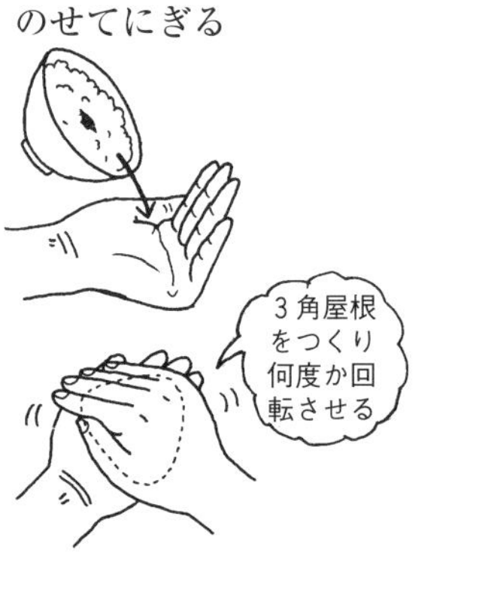

3角屋根をつくり何度か回転させる

④のりを3等分にしてごはんに巻く

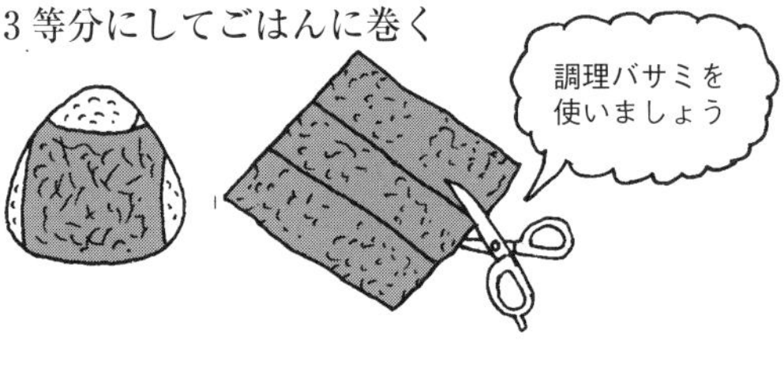

調理バサミを使いましょう

3 サンマを焼く

①塩水でサッと洗う

②ペーパータオルで水気を拭き取る

③塩を振りかける

④グリルを充分に熱しておく

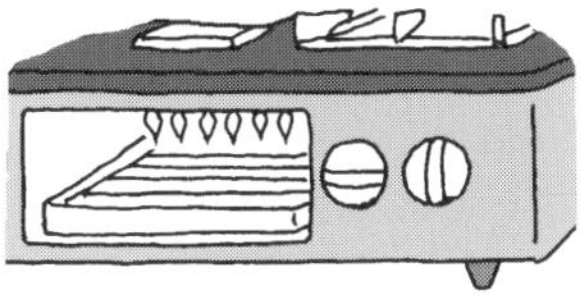

⑤盛り付ける時、上にする方から焼く。焦げ目が付いたらひっくり返す。

魚がくずれないようにひっくり返す

⑥頭を左にして大根おろしを添えて盛り付ける

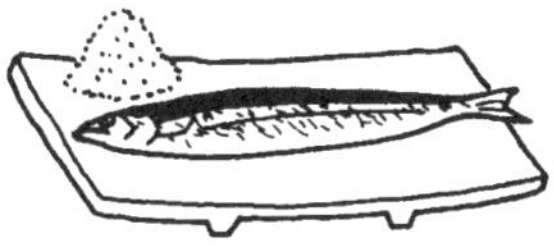

4 おみそ汁を作る

材料・４人分　とうふ200ｇ　油揚げ１枚　長ネギ30グラム　煮干し５匹
水４カップ　みそ大さじ3.5杯

①煮干しのだし汁を作る

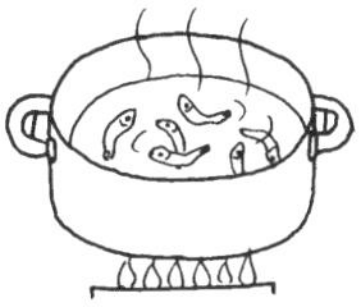

②とうふを２センチ角に切る

③油揚げを１センチ幅に切る

④だし汁を煮立てて油揚げを入れ、中火にしてみそをだし汁で溶いて入れる

みそ

⑤とうふを加えて１分くらい煮てねぎを入れて火を止める

とうふ
ねぎ
やけどをしないように！

⑥おわんに盛る

具もちゃんと入れてよそう

5 ベーコンエッグを作る

①卵を割っておく

②フライパンを熱する

③油を入れてけむりが出てきたら、ベーコンを入れて焼く

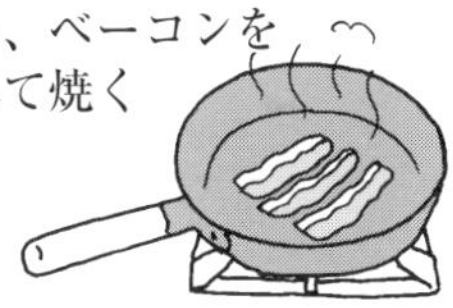

④ベーコンをフライパンの真ん中に並べて卵を上にのせる

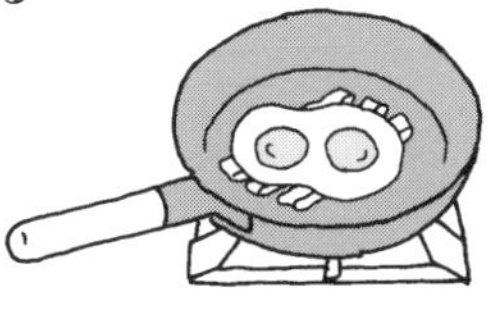

⑤卵のまわりが固まりはじめたら、弱火にして、塩コショウを少量かけてふたをする

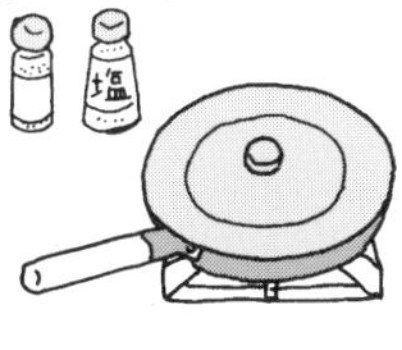
塩

⑥黄身に白くまくがかかれば出来上がり

卵をつぶさないようによそいましょう

33 自分の自転車の手入れ

アドバイス

子どもは自転車が好きです。5歳くらいで乗れるようになるのが一般的なようです。慣れるまで周りの大人はハラハラし通しですが、上手になればなったでまた、スピードの出し過ぎや角からの飛び出し事故が絶えません。乗り方の指導を学校が行なったりするゆえんです。

忘れがちなのが、家での自転車の手入れです。ブレーキのききが悪いとか、ライトがつかないなどの手入れの悪さも事故の元になります。手入れを人任せにしていると、調子が悪いことにも気がつきません。

自転車は手入れさえよくしておくとずっと乗ることができる乗り物です。大人が自転車の仕組みや整備のコツを身につけて、子どもに教えましょう。家で出来る範囲を超えた修理や整備は、自転車屋さんに任せます。

1 自転車を磨く・油をさす

●とくに反射板が汚れていると、夜など危険なので必ず拭いておく

汚れたままでは、錆びたり、故障の原因になります。タオルで拭いたり、ひどい汚れの時はホースで水をかけて、汚れを落とした後よく拭きます。

●タイヤやブレーキシューなどのゴムの所には油を着けないように

雨に濡れたり、水をかけた後は錆びないようによく拭きます。その後は油をさします。今は、スプレー式の油があるので利用すると便利です。

2 ブレーキの点検をする

自転車に乗る前には、前後のブレーキがしっかり効くか、必ず点検します。

●ブレーキの調子が悪い時の原因は２つ

ワイヤーのゆるみなど

※調整ネジではダメな時

ブレーキワイヤーがゆるんでいると危険です。ペンチなどで少し引っ張って締め直します。

ブレーキシューの摩耗

※すり減っていてはダメ

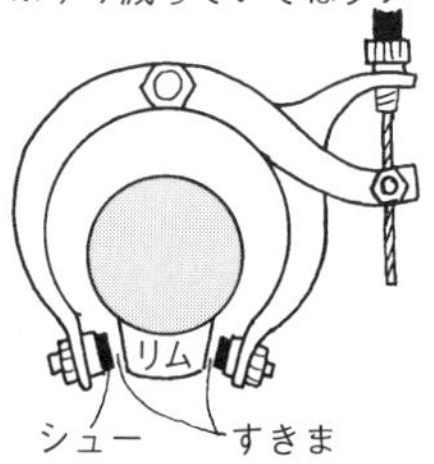

ブレーキシューが減っていたら交換します。修理が難しい時は自転車屋さんに持っていきます。

3 タイヤの点検をする

●空気を入れてもタイヤがふくらまない時の原因は２つ

バルブの虫ゴムの故障

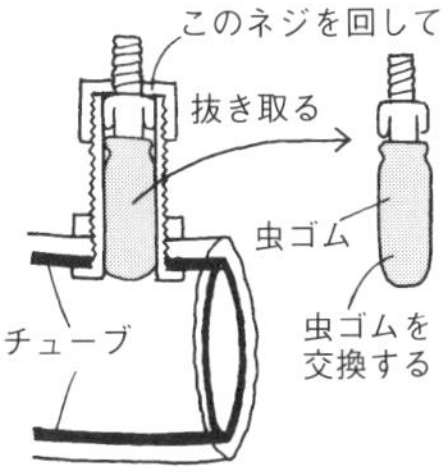
このネジを回して
抜き取る
虫ゴム
チューブ
虫ゴムを
交換する

パンクしている

虫ゴムもパンク修理の道具も自転車屋さんで手に入ります

タイヤの空気は自然に抜けていきます。ときどき点検して、空気入れで空気を入れます。

虫ゴムがいたんでいる時は空気が漏れます。パンクの場合は道具がなくては修理できません。自転車屋さんに修理を頼みます。修理の様子を見て、できそうならば次からは自分でやってみます。

4 サドルの高さの点検をする

●サドルの正しい高さ

●高くても低くても高さを調整した方が安全

レバー式

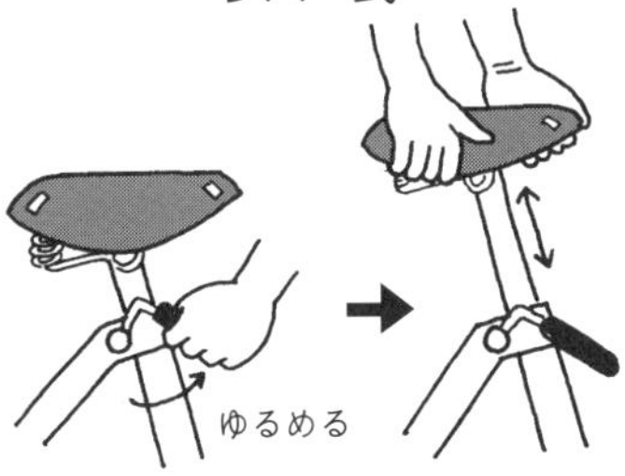
ゆるめる

ナットやレンチ式

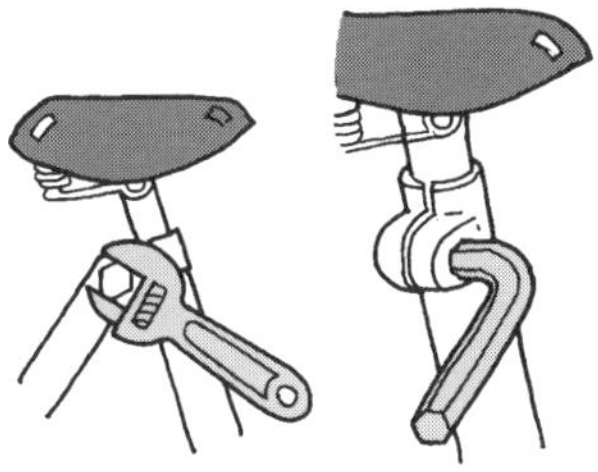

サドルにまたがった時に、両足のつま先が地面にしっかりと着く高さが正しい高さです。

大体の自転車はレバー式になっていて、レバーをゆるめれば高さが調節できます。

それ以外の場合は、ペンチやスパナ、六角レンチを使って調節することになります。

5 決められた場所に置き、しっかりカギをかける

●自転車は自転車置き場に

自転車置場

※歩道にはみ出すようにおいてはダメ

自分の家に限らず、自転車は決まった場所に置きます。道路や歩道にはみ出すように置いては危険で迷惑です。自分のものは自分でしっかり管理します。

カギは必ずかけます。決まった場所に置く習慣をつけると出かける時探さなくてすみます。自分の大事な乗り物です。ここでも、しっかり管理します。

34 自分の部屋の片づけ

アドバイス

小学生になると自分の机や自分の部屋を持つようになる子どもが出てきます。最初のうちこそ、きれいに片づけるのですが、そのうちに机の上がいろいろなガラクタなどで山積みになってしまい、机を使わなくなってしまう子どもが少なからずいます。

そうならないためには、使ったらすぐ片づける習慣をつけることが一番です。片づける場所も決めておく必要があります。なかなかすぐには片づかない子どももいます。そのような時は、「夕食前には必らず片づけをする」「何曜日は片づけの日」というように、片づけの時間を作りましょう。整理整頓はとても大切な習慣です。散らかっていると、忘れ物や失くし物も多くなり、学校での学習にも悪影響が出ます。自分のことは自分でするよう、くり返し教えましょう。

1 本棚を整理する

●本の種類によって分ける

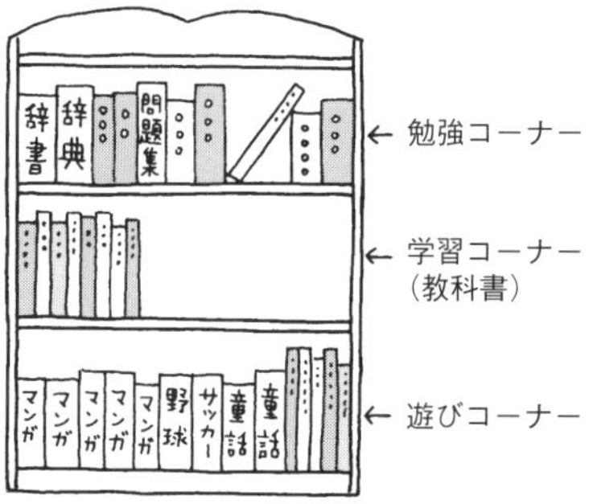

勉強の本・学校の本・遊びの本など、種類によって場所を決め、分けて収納します。

●大きさを揃える

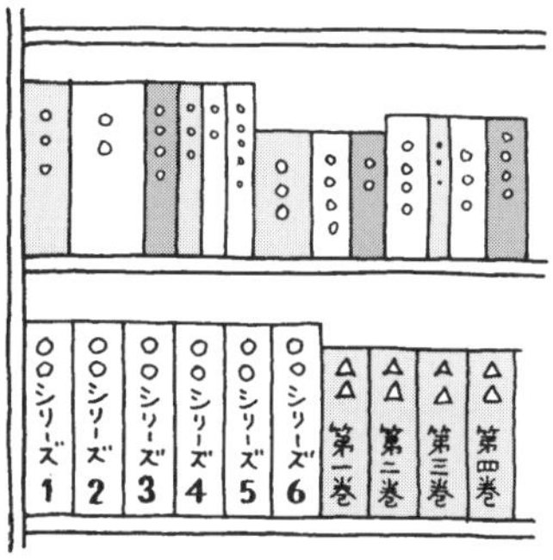

本の大きさが同じものや、同じシリーズの本は揃えて並べたほうが整って見えます。

2 机の上を整理する

●必要のない物は片づける

おまけのカード、お菓子の袋など、机の上に必要のない物が散らかっていては、机の役割を果たしません。

●入れ物を用意する

小物入れやペン立てなどを利用します。入れ物をきちんと並べると、片づいて見えます。

3 部屋全体を整える

●遊び道具をまとめる

箱や引き出しなどを利用して遊び道具を片づけます。片づける場所を決めておきます。

●衣類やカバンを整える

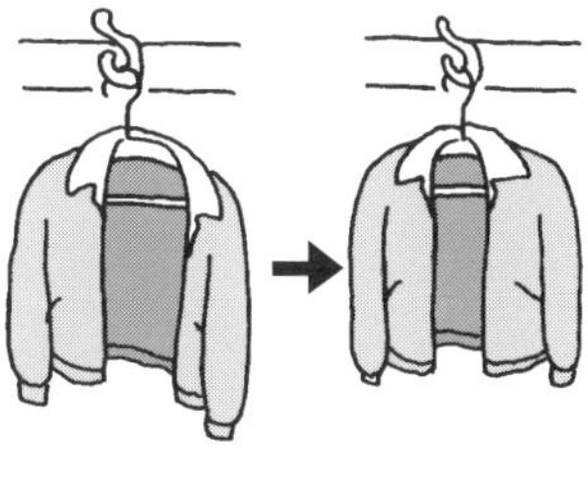

ハンガーに掛かっている衣服やカバン掛けのカバンも、きちんと掛けるとすっきりします。

●カーテンなどを整える

ベッドやカーテンがぐちゃぐちゃなのは見苦しいものです。

4 お友だちと一緒に片づける

●散らかったら片づける

遊んでいる時に出たごみやお菓子の袋などは、ごみ箱にすぐ捨てるようにします。

●遊び終わったら片づける

遊び終わったら、使った物をみんなで元の位置に片づけます。お友だちの家に行った時も同様です。

5 押入れを整理する

●布団・パジャマをたたむ

布団は毛布やシーツも一緒にきちんとたたんで押入れにしまいます。パジャマもたたんで布団の上に置きます。

●段ボールや引き出しの利用

段ボールや引き出しに、子どもにもわかるように中身を書いたシールを貼っておきましょう。

ポイント

＜部屋は自分で管理する＞

子どもの部屋は子どもが管理することが原則です。いつも大人が片づけてしまっていては、いつまでたっても自分で片づけられるようになりません。とは言え、片づけやすいような工夫をしてやることは大切です。

どのような入れ物があったら片づけやすいか、どこにしまうと出し入れがしやすいかなど、子どもと一緒に考えましょう。また、子どもは大人の片づけ方のまねをするので、日常の片づけを見せながらやり方を教えます。大人が良いモデルになりましょう。

35 就寝・起床も自分で

アドバイス

朝自分で起床ができない子どもは睡眠時間が十分ではないことがあります。小学校低学年では10時間くらいは寝かせたいものです。

早寝をさせるには日中戸外で思いきり体を使った遊びをさせることです。外遊びをしなくなったことが夜型になる原因の一つかもしれません。学校は昔も今も朝型です。睡眠を十分とらせ充実した学校生活を送らせましょう。

睡眠時間をたっぷりとり早起きができるようになったら、「朝飯前の一仕事」をさせましょう。ごみ出し、玄関や庭の掃除、植木の水やりや新聞を取ってくるなど、何か決まった仕事をさせます。仕事をすればすっきり目覚め、体を動かすことになるので朝食もおいしく食べられます。そして何より家族の一員として役割を担う責任感を育むことになります。

1 寝る前にやっておく

●明日の時間割の確認をする

忘れ物がないか大人が一声かけます。

●枕元に次の日の着がえを揃えて置く

いざというときのためにも大切です。

2 生活リズムを作る

●寝る時刻を決めてふとんに入る

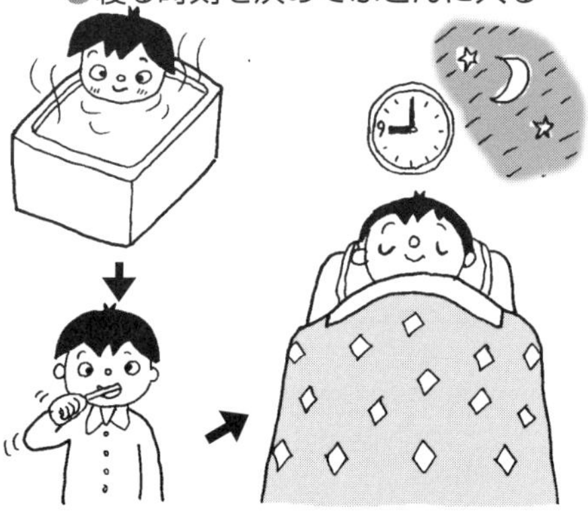

早寝早起きがすべての基本です。

●めざましをかける

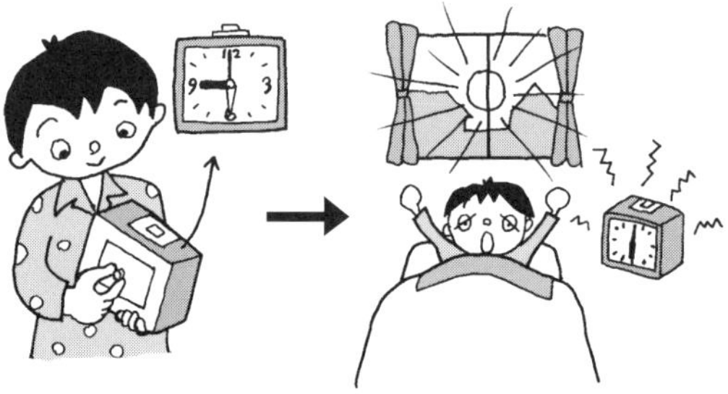

決まった時間に起きます。

3 起床したらすぐやる

●カーテンや雨戸をあける

朝のそうかい感を味わいます。

●ふとんの始末をする

ふとんをたたんで押入れにしまいます。

ベッドを整えます。

4 朝飯前に一仕事する

●朝食をとる前に仕事をしよう

ごみを出す

玄関の掃除

新聞を取る

水やり

朝食の手伝い

5 早寝が基本

●夜型にしない

たっぷり睡眠をとると一日気分が良い。

●体をつかった遊びをたくさんする

体を使って快眠です。

ポイント

<早寝早起きへの転換を>

最近は社会全体が夜型になり、それに伴って子どもたちの就寝時間まで遅くなってきています。子どもの睡眠の習慣を確立させることが自律起床につながります。遅寝遅起きから早寝早起きへ転換をはかることが必要です。それにはまず親が「率先垂範」しなければなりません。

そうは言っても、早寝早起きを一度に習慣化させるのはなかなか大変なことです。まずは子どもに早寝をさせることを心がけてみてください。きっと、家中が自然に早起きになってきます。

36 布団を敷く・たたむ

アドバイス

小学校では高学年になるとキャンプなどの宿泊学習に、また6年生では修学旅行に行ったりします。宿泊先で布団を使用する際、布団をうまく敷けなかったり、三つ折りにたためない子どもがいるのは、最近ではめずらしいことではありません。家ではベッドの生活が中心で布団を敷く機会がないことが原因と思われます。

布団で寝るというのは日本の文化です。先人が長い間かけて築きあげてきたものであり、日本の生活様式に合った方法なのです。生活様式が欧米化しているとはいえ、布団を使う機会はまだたくさんあります。

布団を敷いたりたたんだりするのは全身運動で、腰を入れたり足を踏ん張るという動作が必要です。日常のお手伝いで、しなやかでたくましい巧みな体の働きを身につけられるのです。

1 布団を敷く

●三つ折りのまま押し入れから出す

両うででしっかり
持っておろします。

●ひざを曲げて敷く

敷布団の頭の側＝上部分を持ち、あとずさりしながら引いて敷きます。

2 シーツを敷く・掛け布団を掛ける

●シーツを広げて敷く

頭になる方から引きシワをのばします。

ふとんの下にシーツの端をひっぱりながら折り込みます。

●掛け布団を掛ける

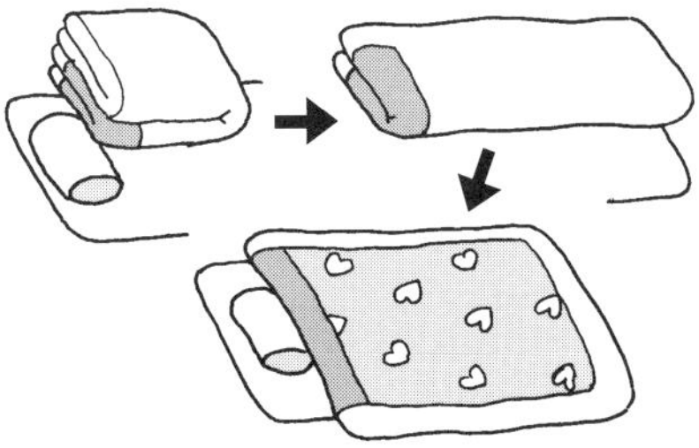

四つ折りの掛け布団は
縦に広げ横に広げます。

3 布団をたたむ

●掛け布団をたたむ

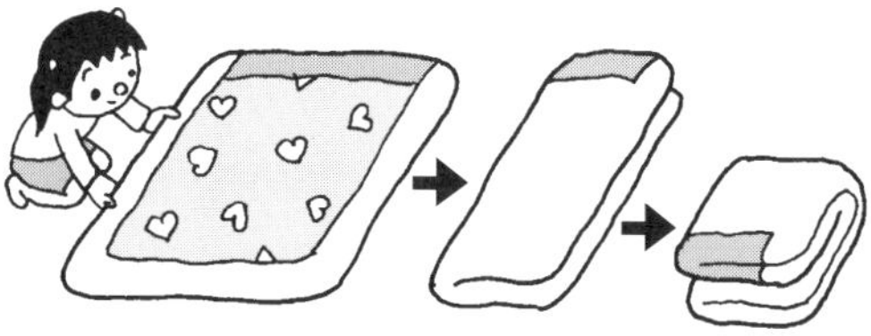

柄が内側になるように縦に二つ折りにします。次に横に二つ折りにたたみます。

●敷き布団をたたむ

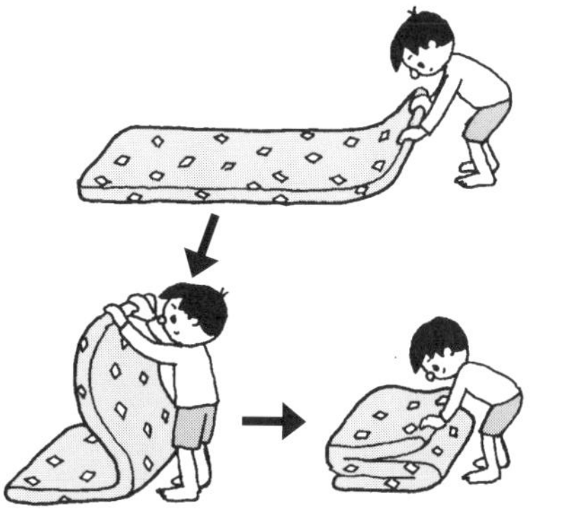

ひざを曲げて頭側の上部分をもち前にすすんで三つ折りにします。

4 押し入れにしまう

●腰を入れてもちあげる

敷布団は三つ折、掛け布団は四つ折りのままもちあげます。

●重いものは下に。上に掛けるものは上に

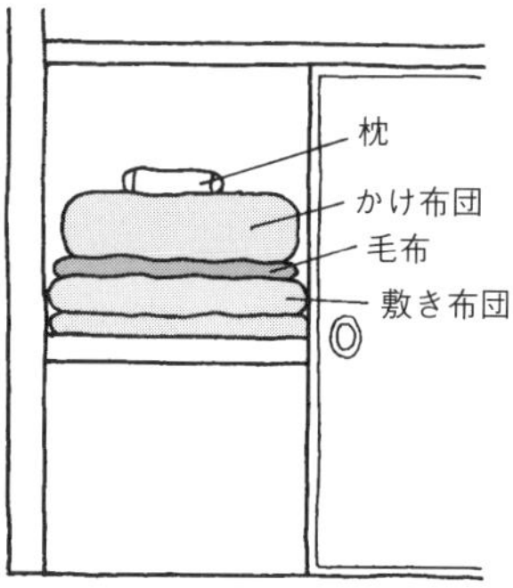
枕
かけ布団
毛布
敷き布団

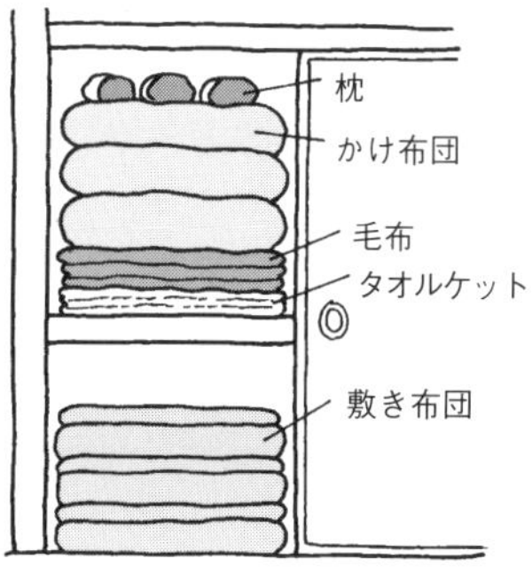
枕
かけ布団
毛布
タオルケット
敷き布団

家族の分をしまう時

5 ベッドを整える

シーツのシワをのばしたり掛け布団をきちんと掛け直します。

6 布団を干す

取り込む時は軽くたたいてホコリを落とします。

晴れた日の午前10時ごろから午後２時ごろまで干すのが最適です。

37 ひとりでのお使い

アドバイス

「はじめてのおつかい」というテレビ番組があります。小さな子どもたちの奮闘ぶりが、涙あり笑いありで根強い人気があるようです。お使いは、お手伝いの定番で、子どものお手伝いの実態調査をしますと必ず上位にランクされます。

お使いにもさまざまなパターンがありますので、年齢やその子どもに合ったことをやらせるとよいでしょう。安全への配慮も必要です。お使いを頼んだ場合は、すぐにやらせることです。また、必要があれば、メモを渡したり、口上を練習したりしておくことも大切です。頼んだことをきちんとやらせ、報告もさせます。

お使いは臨機応変の判断を求められることもあります。うまく処理できなくても叱らないでください。どんなことがあったかよく聞き、対応のしかたを教えます。

1 手紙やはがきをポストへ投函する

●ポストまで、お使い

ハイ、お願いね

小さな子どもは、肩掛けのバッグの中に手紙を入れます。

●受け口はどれかな？

手紙・ハガキ
大型・速達
集配時間
平日 9:10 11:30 15:40
土曜 9:10 11:40 14:05
休日 9:20 14:25
郵便
POST

手紙と書いてあるほうに入れます。
集配時間を確認します。

●報告する

出してきました。郵便やさんが最後に集めに来るのは15時40分です
ありがとう じゃ、明日には着くわね

「出してきました」
「○○時○○分に郵便やさんが集めます」

2 クリーニング屋にお使いに行く

●衣類は袋に

お金はポケットにきちんとしまうように教えます。

●注意点をはっきりと言う

ここにシミがついているのでよろしくお願いします

シミの部分をクリーニング屋さんに伝えます。

●預かり証を忘れずに

ハイ、預かり証 全部で1750円です

出来上がる日をたずね、帰ったら報告します。

3 バスに乗って知人におみやげを届ける

●行く前にちょっと練習

これお母さんの旅行の
おみやげです
皆さんで召し上がって
ください

どういうおみやげか、きちんと話せるように練習します。

●荷物を大切に

お行儀よくしましょう。

●「こんにちは！」

じゃ、
ちょっと
おじゃま
します
さあ、
どうぞ
どうぞ

あいさつをし、靴を揃えます。

●おみやげを渡す

これお母さんの旅行の
おみやげです
皆さんで召し上がって
ください

言われたことを伝えます。

●電話を借りて家にかける

お母さん、
これから
帰ります

「これから家に帰るよ」と伝えます。

●「渡してきました」

ただいま
ごくろうさま

どのようにできたか、報告します。

4 ひとりでお買い物に行く

●何を買うか忘れないように

メモ用紙やお金は、ポケットやポーチに入れます。（字が読めなかったら、絵を描きます）

●道中は気をつけて

自動車に気をつけます。

●品物を選ぶ

メモを見ながら一つ一つ確認します。賞味期限も確認します。

38 掃除のバリエーション

アドバイス

いつも掃除をしている所はきれいになっていても、手の届かない所や見えない所は汚れています。たまにはそういった場所も掃除する必要があるでしょう。子どもたちは、見えない所に汚れがたくさんたまっていることを知りません。でも、そのことに気づいて掃除をするようになると、隅々までていねいにできるようになるものです。

月に１回でも定期的にこのような掃除をしていると、部屋はあまり汚れませんし、年末の大掃除はとても楽になるはずです。また、自分の部屋の掃除をくり返し経験していれば、コツが身につき、手早くできるようになります。大掃除の時に初めて体験するのではなく、自分の部屋の掃除で練習をしているとよいのではないでしょうか。

1 高い所のホコリを払う

●安定した足場を使う

高い所を掃除する時の足場は、安定している物を使いましょう。回転イスは危険です。

●はたきをかける

下の物に布や新聞紙をかけておくと、ホコリがかかりません。

2 棚の上を拭く

●上の物をどかす

棚の上にはいろいろな物がのせられています。まずはそれらの物をどかします。

●上にのっていた物のホコリを払う

のっていた物もホコリをかぶっているので、はたきでしっかり払いましょう。

●ぞうきんで拭く

汚れがひどいようなら２～３回拭きます。

3 ベッドの下を掃除する

●ベッドの下の物をどかす

ベッドの下に収納ケースなどが入っていたら引き出してどかします。

●掃除機をかける

掃除機の柄を寝かせてベッドの下の隅々まで掃除機をかけます。

●モップをかける

ぞうきんでは手が届かないのでモップなどを使って拭きます。

4 ワックスをかける

●床の汚れを落とす

ワックスがけの前には、床をきれいに拭きます。よく絞ったぞうきんで汚れを落とします。

●乾いた布でワックスをかける

ワックスは、床の汚れ防止、キズ防止になります。種類によって使い方が違います。液体のワックスが使いやすいようです。

5 カーテンをきれいに

●レールからはずす

カーテンの金具をカーテンレールからはずします。

●金具をはずす

カーテンについている金具を全てはずしてから洗濯をします。

ポイント

<終わったら手洗いとうがいを>

掃除をする時には、ホコリよけの三角布やマスクなどで身支度を整えます。ワックスのような薬品を使用する時は、ビニール手袋をしたほうがよいでしょう。ふだんやっていない箇所の掃除は、ホコリがたくさん出ます。天気の良い日に窓を開けて掃除をしましょう。

また掃除が終わったら必ず手洗いとうがいをすることを教えます。家中をきれいにした達成感も手伝ってスッキリした気分になれます。きれいになった部屋で、みんなで遊んだり、おやつを食べたりするのも楽しいですね。

39 大掃除も一緒に

アドバイス

日本には、年末に家中の大掃除をしてきれいに清めてから新しい年を迎えるという習慣があります。ふだんはやっていない所を掃除するので汚れもひどく手間もかかるものです。そのため時間もかかり、忙しくなるので、ついつい子どもたちは邪魔者にされたり、お客さま扱いされがちです。それでテレビを見たり、外に遊びに行かされたりしています。このような大忙しの時こそ、子どもにも仕事をさせましょう。

大掃除を一緒にすることで、子どもには自分が家族の役に立っている、自分の仕事があるという存在感や責任感が育つでしょう。子どもの力を信じ、あてにして、家族みんなで大掃除に取り組んでください。ただ、大掃除の時はふだん使わない洗剤を使うことがあり、扱い方によっては危険な場合もあるので注意しましょう。

1 年末の大掃除の計画を立てる

●掃除の箇所を書き出す

家中の掃除する箇所を書き出してみると、どこからやるか、何をするかが明確になり、計画が立てやすくなります。

●分担を決める

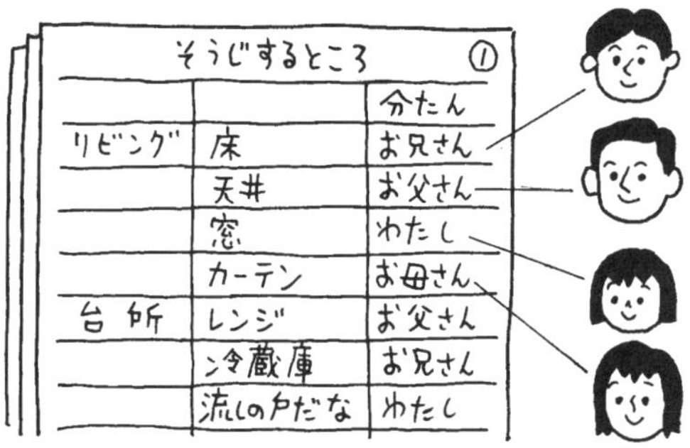

子どもが自分でできそうな箇所を考えます。自分で決めると責任感もやる気も出ます。

2 いらない物を処分する

読み終わった雑誌や使わなくなった物などを分別して処分します。リサイクル市、バザーに出すことも考えます。

これから使う物かどうか考えます。机の中などには、意外に使わないガラクタが入っています。

3 天井のホコリを払う

●身支度をする

頭の上からたくさんのホコリをかぶります。三角布とマスクをつけて行ないます。

●はたきやほうきでホコリを払う

はたきの柄に棒を結びつけて伸ばし、天井のすすを払います。ほうきを使う時は台に乗るとよいでしょう。

4 たたみを拭く

●きれいなぞうきんを固く絞る

たたみを拭く時は、ぞうきんを固く絞ります。よく絞れていないとたたみにシミがついたり傷んだりします。

●たたみの目にそって拭く

たたみの目に入っているごみは、目に逆らって拭くとよけいに中に入りこんでしまいます。

●カーペットをはがして拭く

畳の上にカーペットなどを敷いている場合、はがしてから拭きます。

5 正月の飾りつけをする

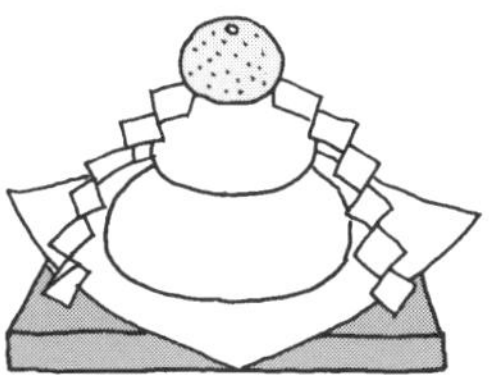

正月の飾りつけは、大掃除の最後の仕上げです。心あらたに新年を迎える気持ちを子どもにも実感させましょう。

ポイント

＜窓拭きあたりからやらせます＞

子どもを大掃除に参加させるには、子どもが自分の力でできる仕事を与えることが必要です。少しむずかしそうでも、挑戦させてみましょう。きれいになったことがよくわかる場所なら、なお効果的です。まずは窓拭きや床磨きなどが取り組みやすいでしょう。

大人は子どもの失敗を責めたり、怒ったりしないようにしましょう。もし失敗しても、やり直しができるような仕事を与えるようにしましょう。

40 家での力仕事

アドバイス

重いものを持ち上げたり運んだりする動作は、日常的に行なわれることが少なくなってきていますが、家庭の中では宅配便の荷物の運搬、節句用具の出し入れ、庭の植木や石の移動、買い物での荷物持ちなど、その機会はけっこうあるものです。

この動作は、骨格筋を働かせることで、骨の構造や姿勢をよくするだけではなく、循環や代謝のバランスにも大きな影響を与えます。ですから男の子にも女の子にも必要なことといえます。

男の子ですと小学校の高学年にもなりますと力仕事をこなす意識も出てきます。「頼りになる」というひと言が、喜びや励ましになります。お父さんがいなくても本当に頼りになる存在になることでしょう。

1 重い荷物を持ち上げる

腰を深くおろして、荷物の底に手をかけます。腰を高くして持ち上げると、腰を痛める恐れがあります。

両足をふんばって持ち上げます。手で持ち上げるというよりは、腰で持ち上げるようにします。

2 重い荷物を運ぶ

●肩にかつぐ

●腕にのせる

荷物を前に持っているので、反対方向つまり、後ろにすこしからだをそらしてバランスをとります。

3 高い所の物をおろす

●脚立を使う

脚立は足場が広く高さが十分あるもので安定性の高いものを用意します。

●手に負えるかな

大きすぎたり重すぎる物は無理にとろうとしない。

●あわてずに

安定した姿勢をとり、ゆっくりとおろします。

4 高い所に物をしまう

●ひもでくくる

箱はふたが開かないようにしばっておきます。

●入るかな

だいじょうぶ入る

しまう物がスムーズに入るように場所があいているかどうか確かめます。

●慎重に

はい

声をかけ合い、しっかり渡してから手を離します。

5 重い荷物の受け渡し

はい、渡すよ、いいかい?
いいよ

「はい、渡しますよ、いいですか」と声をかけ、「いいですよ」の声を確かめてから渡します。

ポイント

＜重い物を子どもに持たせよう＞

荷物が持てるか持てないかという判断は、大人が決めつけて子どもに教えるのではなく、子ども自身に体験させ、判断させることです。

その判断には、見た目で判断する視覚判断と実際に触れて判断する触覚判断があり、この両者によって子どもの行動が決定されます。

この感覚は、幼児期から鍛えておかなければならないことです。子どもの体力に合った物を持たせ、多少の苦しさを克服させ、体力的にも精神的にも耐える能力を、このお手伝いで身につけさせたいものです。

41 生活用品の修理・保全

アドバイス

気をつけてていねいに扱っていても、物は古くなるにつれてだんだん傷んできます。とくに使う頻度が高い品物や場所は、壊れたり汚れたりすることも多くなり、日常的な点検や手入れが欠かせません。チカチカしている蛍光管や切れてしまった電球の交換のように、壊れたり傷んだりした部分に手を加えて、再び使用できるようにすることを修理といいます。

一方、包丁や石油ストーブ、台所用品のような道具や器具を、使いたい時にいつでも安全に使用できるようにしておくことを保全といいます。子どもには、お手伝いの内容を「交換する・研ぐ・磨く・消毒する」と具体的な言葉で伝えるようにします。火傷や切り傷、そして漂白剤や灯油の取り扱いについて、安全性や事故防止への細かな配慮が必要です。

1 蛍光管・電球を換える

●電気のスイッチを切る

両端を持ち、回る方向に静かに回してはずします。新しい蛍光管は、はめてから逆の方向に回して取り付けます。

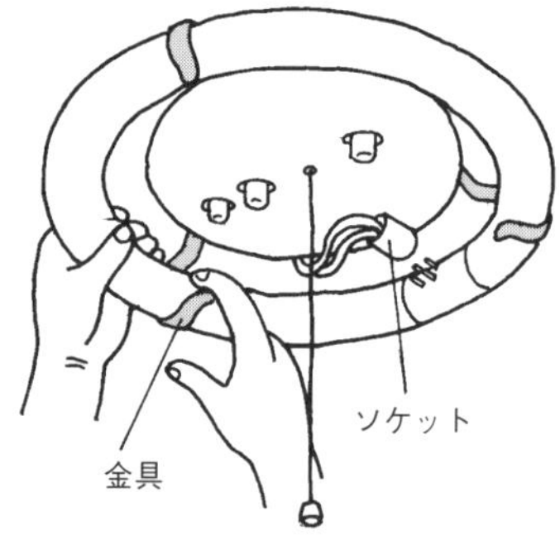

ソケットを抜き、片方の手で蛍光管をもち、金具を広げながらはずします。

片方の手を添えて時計方向とは反対に回してはずします。

2 包丁を研ぐ

●砥石を固定する

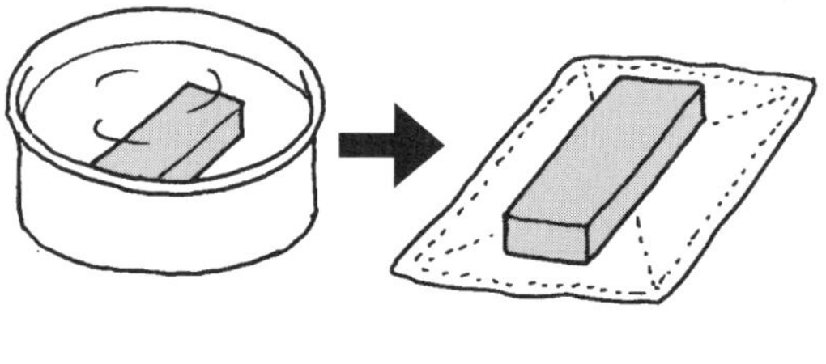

30分程水に漬けておいた砥石を、濡れたぞうきんやタオルの上に置き、滑りにくくします。

●押すようにして研ぐ

片方の手で包丁の柄を握り、もう片方の手でポイントより少し手前を押すように前後に動かしながら、時々水をかけて研ぎます。大人がそばについて、コツを教えます。

3 カップや茶碗をクレンザーで磨く

●柔らかいもので洗う

濡らしたスポンジにクレンザーをつけ、少しずつカップを回しながら、ゆっくりと上下や左右にこすって洗います。

●固いものでも洗える

クレンザーをつけたタワシでこすりながら、濡らした茶碗の、内側・外側の底の部分をとくにていねいに磨きます。

●水洗いをする

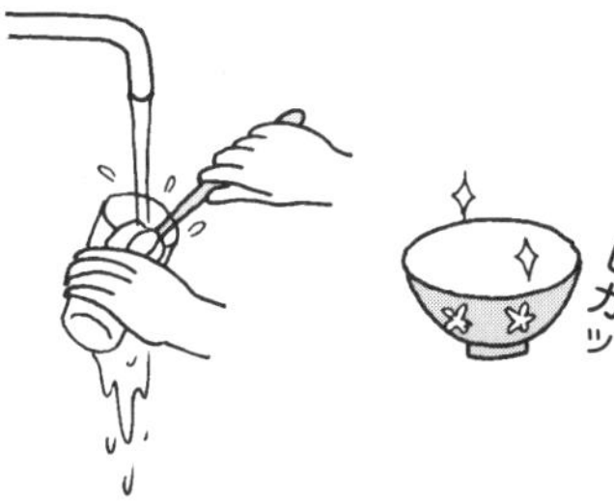

水洗いをして、クレンザーをよく落とします。

4 漂白剤でまないたやふきんを除菌する

●ゴム手袋をする

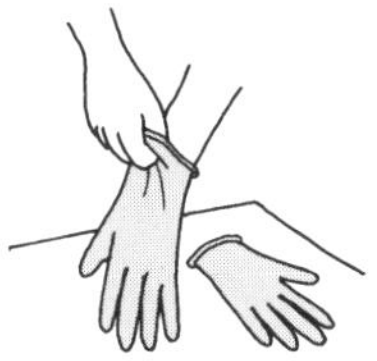

台所用中性洗剤で、まないたの汚れを落とし、水洗いをします。

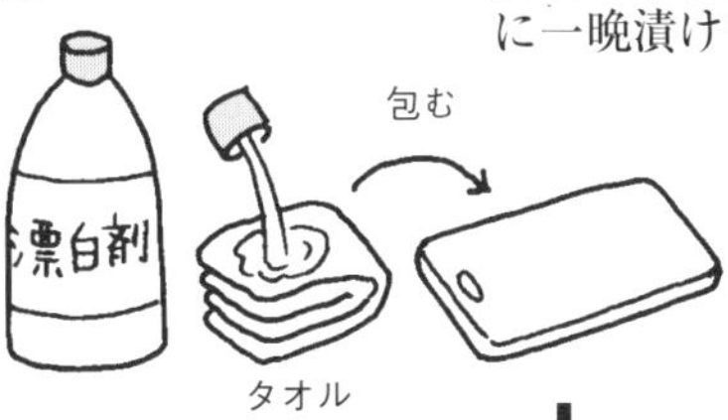

漂白剤の溶液を浸したタオルでまないたを包み込んで、大きめのビニール袋に一晩入れておきます。

きれいに洗ったふきんを、漂白剤の水溶液のはいった容器に一晩漬けておきます。

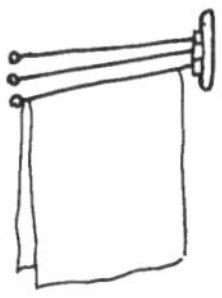

翌日、取り出したふきんを水洗いをして乾かします。

5 ストーブに灯油を入れる

手動または電動のポンプを準備し、灯油はポリ容器に入れた状態で、ストーブの置いてある場所へ注意しながら運びます。

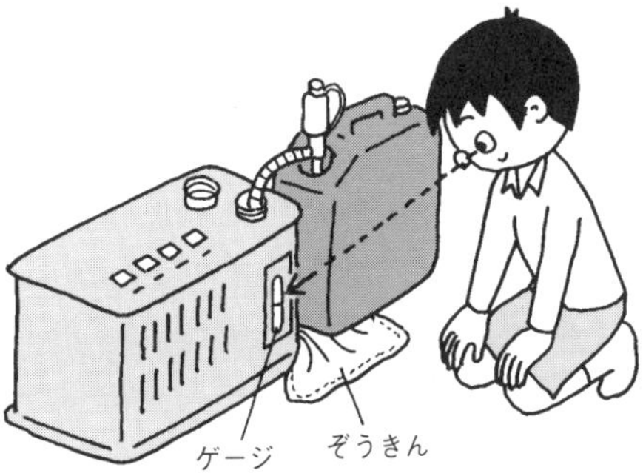

消火の状態であることを確認し、乾いたぞうきんを注入口の下に敷いて、ゲージの目盛りを注視しながらポンプを使って灯油を入れます。ストーブのキャップをしっかりと閉めます。

㊷ 休みの日に

アドバイス

休みの日のお手伝いは、親子や家族で一緒に仕事や作業ができることに大きな意義があります。お手伝いを通して、子どもにとって未経験のことや、少しむずかしい作業の手順やコツを見本を見せながら教えることができます。

また、協同して作業をすることで、人と関わりながら仕事をする楽しさを感じたり、一人では無理でも人と一緒に力を合わせてやればできるという体験の場となります。その際に、子どもへの「助かるよ」「上手にできるね」などの語りかけも大切で、働くことや仕事のしかたを覚えることを楽しむ雰囲気が生まれます。

家族の役に立ったという喜びや仕事を成し遂げたという達成感、家族の一員としての存在感を味わうことが成長への大きな糧となっていきます。

1 排水溝を掃除する

●家の排水マスの土砂を取り除く

家庭用排水マスのふたは重いものが多く、手を挟むと危険なので注意をして開けます。底にたまっている土砂をシャベルで取り出してバケツやビニール袋に入れます。

●外の排水溝の掃除をする

家の周囲にある排水溝は、大きなごみや汚泥をスコップなどで取り除いた後、ホースの水とほうきで洗い流しながら掃除をします。

2 洗車をする

●水をかけながら洗う

ホースで車体全体に、まんべんなく水をかけます。車体の洗う場所に上方から下方へ水をかけながら、スポンジやぞうきんを用いて汚れや土ボコリを洗い流します。

●水分を拭き取る

車体の屋根、ボンネット、ドアや側面の順に、水気を拭きとっていきます。ガラスや車の内部は、とくによく絞ったきれいな布を使って拭きます。

3 家のまわりの掃除をする

●大きなものは拾う

軍手をはめた手や、ごみばさみを使って拾い集めます。

●細かなものは掃き集める

短い柄のシダぼうきを使って、小さなごみや細かな土砂を足元の方に掃き寄せてちりとりに掃き入れます。

4 宅配便の荷作りをする

●封筒タイプのものを用いる

SUN
切る
封筒裏側

書類や少量の品物は、厚手の紙製の封筒に入れて、裏面に粘着テープを手で押さえながら真っ直ぐに貼り、封をします。テープははさみで切ります。

●ダンボール箱を用いる

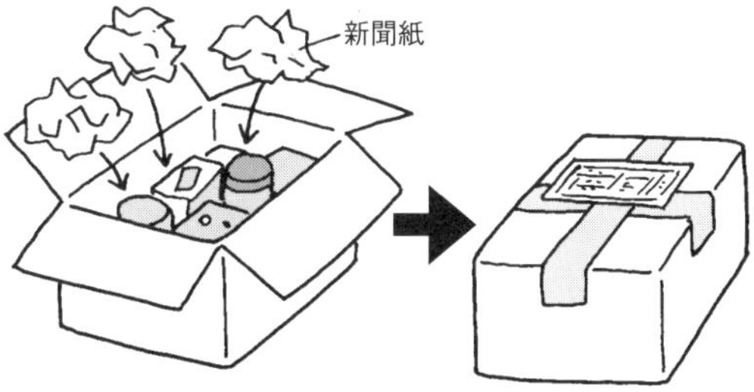
新聞紙

ダンボールの箱を組み立てます。品物を揃えて納め、隙間があれば新聞紙などを丸めて入れて動かないようにします。
上ぶたは、十文字にテープを貼るとさらに補強されます。

5 鉢植え・種をまく

●根は広げて植える

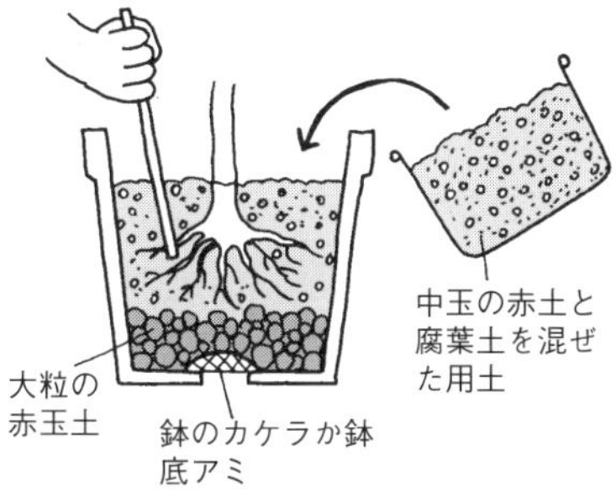
中玉の赤土と腐葉土を混ぜた用土
大粒の赤玉土
鉢のカケラか鉢底アミ

鉢の中に広げて入れた根に、中玉の赤土と腐葉土を混ぜて作った用土がなじむように、細い棒でていねいにつつきながら植えます。

●種は均一にまく

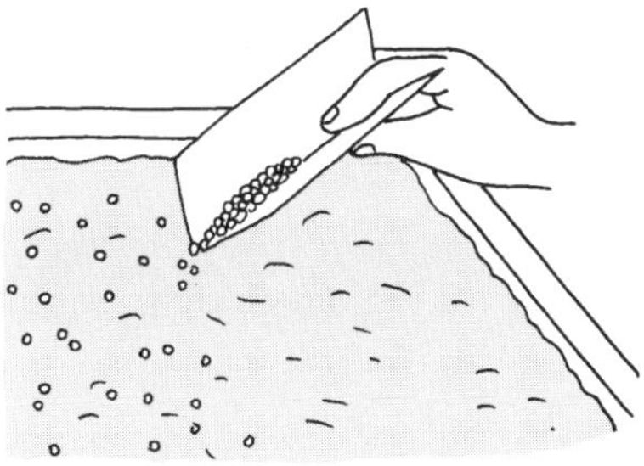

清潔で肥料分のない用土や脱脂綿に種をまきます。ハガキを2つ折にして種を入れ、均一にまきます。霧吹きを使って水やりをします。

43 雨の日・風の日に

アドバイス

雨や雪の日、風の強い日の屋外での作業は、好天時とは異なる身支度や心構えが必要です。

身体や衣服を濡らさないように、傘やレインコートを準備します。足拵え《あしごしら》も水に入ってもよいようにゴム長靴を履きます。それでも濡れてしまった衣服や、使った傘、長靴は帰宅後に自分で後始末できるように、その方法を教えます。

そうした経験が雨の日に登校した時でも、自分で対処できることに生かされます。

台風に備えた被害防止や道の雪かきは、危なくて「こわい」、冷たくて「嫌だ」という子どもの思いが先に立ちます。この気持ちを乗り越えて、意欲的に手伝いをさせるためには、安全や防寒についての大人の側の配慮や側面的な支援が不可欠です。

1 傘を乾かす

●汚れは洗い流す

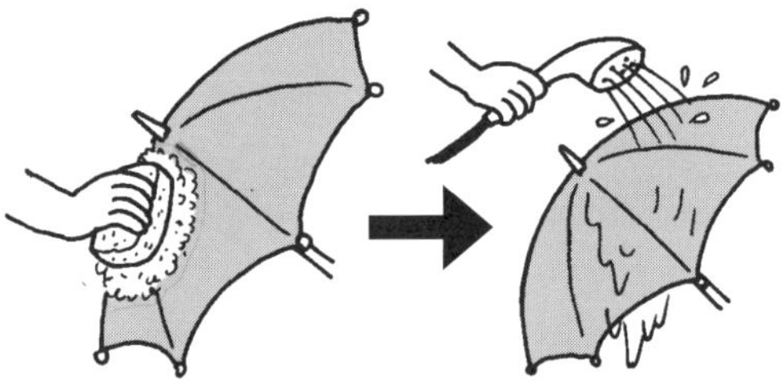

汚れている場合は傘を広げて、汚れた部分をぬるま湯に溶いた中性洗剤をスポンジにつけてこすり、シャワーですすぎます。傘をつぼめて立てかけ、水を切ります。

●陰干しをして乾かす

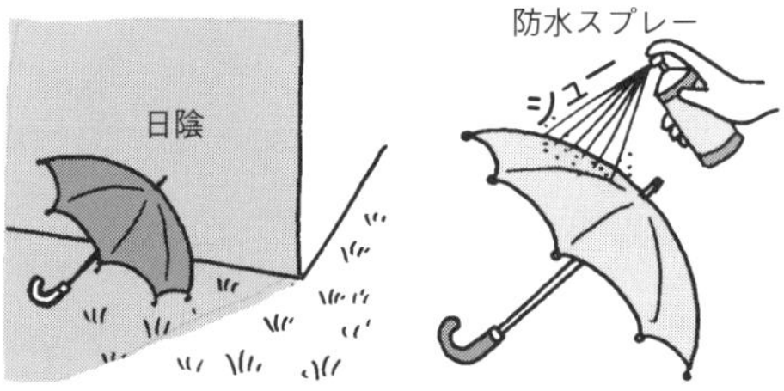

広げた傘を陽の当たらない場所で、さおに掛けたり、地面に置いたりして乾かします。時々、防水スプレーをかけておきます。乾いたらつぼめて、片方の手で柄を回しながら、もう一方の手でキチンと巻いてしまいます。

2 長靴を乾かす

●水気や汚れをぞうきんで拭き取る

長靴の底を水洗いし、表面の水気や泥などの汚れを濡れたぞうきんで拭き取ります。

●長靴を日陰に干す

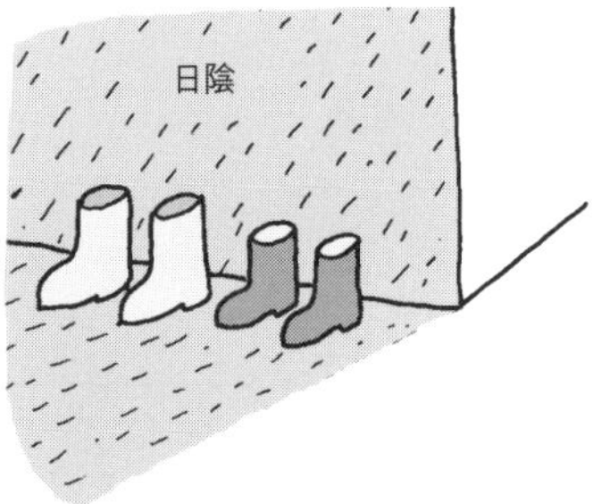

日陰で風通しのよいところを選んで、靴と靴の間を少し離して置いて乾かします。

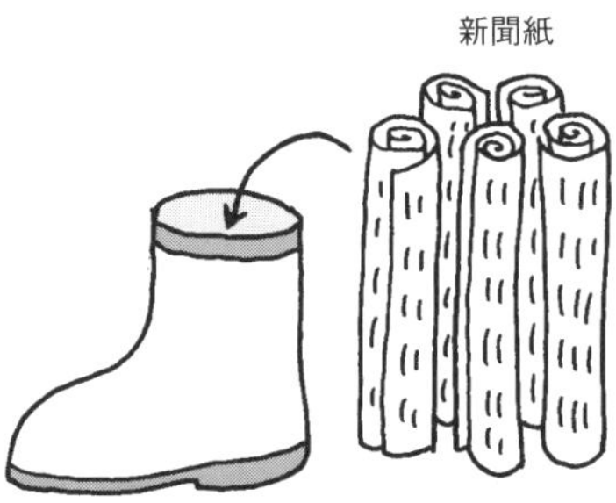

長靴の中が濡れていたり、湿り気があったりした時には、柔らかく丸めた新聞紙を中に詰めて陰干しをします。

3 雪かきをする

●少しの雪は竹ぼうきではく

雪の少ないうちは竹ぼうきを使って、通行するための路面が現われるところまで、雪を左右にはき飛ばすようにして前に進みながら通路をつくっていきます。

●積もった雪はスコップでかく

雪をかくところと、かいた雪を処理するところを確認して、軽量で扱いやすいプラスチック製のスコップを使って、雪をかいたり運んだりして作業を進めます。

4 濡れた衣服を干す

●湿り気を取る

乾いたタオルをたたんで、濡れたところを押さえて湿り気を取ります。

●シワを残さない

ズボンなどは、折り目を揃えてたたんで手のひらにのせ、もう片方の手で力いっぱいたたきます。

●形を整えて乾かす

さおやハンガーに掛け、襟や袖を両手で引っ張るようにして形を整えて干して乾かします。

5 台風に備える

●飛ばされそうなものは片づける

ベランダやテラスに置いてある植え木鉢は、風、雨があたらない建物の下に集めます。
ほうきやデッキブラシ、物干しザオのように長いものはまとめてひもでしばり、横にして置きます。

●非常用の物品を準備する

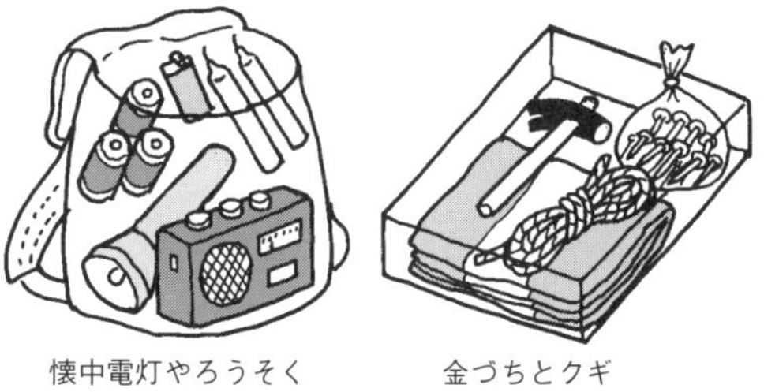

懐中電灯やろうそく
携帯ラジオ

金づちとクギ
ロープ
ビニールシート

停電に備えるものと、建物への被害が生じた時に使用するものをまとめておきます。

44 省エネ・リサイクル

アドバイス

便利な生活は、貴重な資源やエネルギーを消費することによって成り立っています。エネルギー資源は、その多くが有限です。また、資源の消費によって大気汚染や水質汚染などが引き起こされる可能性があります。地球温暖化などの問題も指摘されています。資源の大切さを意識しながら、使用を減らす（リデュース）、再使用（リユース）、再生利用（リサイクル）の具体的な取り組みを身につけることが重要です。

とくに「ごみ」の問題は、一人ひとりが自分の問題として行動しなければ解決できない時代に入りました。「捨てれはごみ・分ければ資源」という標語があります。身近にある廃棄物について、再生の可否による分類から、回収ボックスへ出すまでの一連の作業ができるように、日頃からの習慣づくりが大切です。

1 誰もいない部屋の電気を消す

●スイッチに手が届くようにする

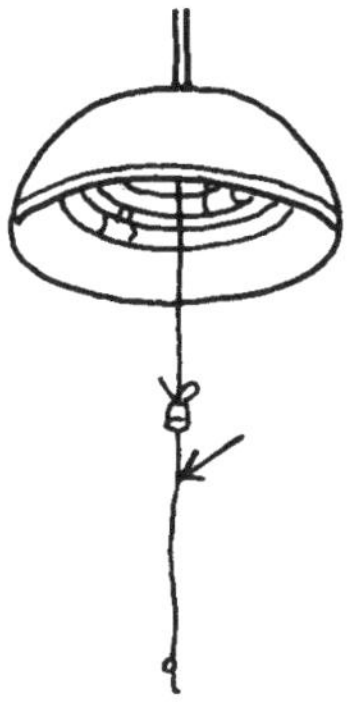

ひもを結び足します。

カチッ

高い位置のスイッチの場所の近くに、踏み台を用意しておきます。

●部屋から出る時には電気を消す

カチッ

自分の部屋やトイレ、洗面所や浴室などから出る時、居間やダイニングルームなどから自分が最後に出る時、電気のスイッチを切ります。

2 資源ごみを分別する

●資源物の汚れを落とし、不要なものは外す

ペットボトルや缶類は中をすすぎ、汚れを落として潰します。発泡スチロールのトレイなどは、水洗いをして乾かします。

●回収に合わせた分別をする

フタは
燃えない
ゴミへ
ペットボトル
ビン
つぶす
缶
新聞紙
ダンボール

回収方法に合わせて、ペットボトル、お酒やビールのガラスビン、アルミやスチールの缶、新聞紙や段ボールの古紙類などに分けて出します。

3 牛乳パックをリサイクル

●パックの内側を水洗いする

3.7
牛乳

牛乳パックの上部を開き、水をかけながらすすぐようにして内部を洗います。

●開いて乾かす

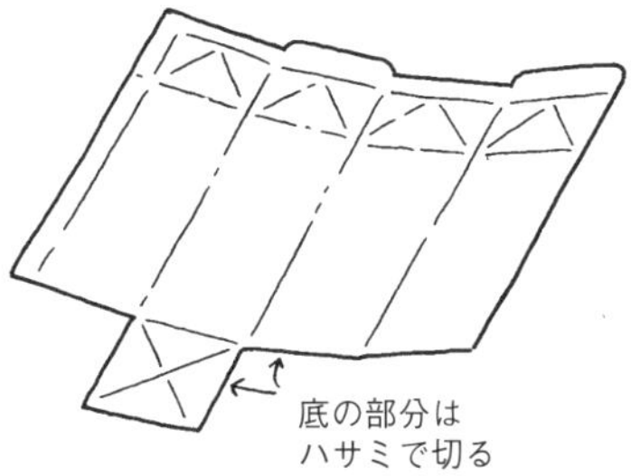
底の部分は
ハサミで切る

濡れているうちに、パックの糊付けされている部分をていねいに剥がし、開いて陰干しします。

●重ねてしばる

向きを揃えて重ね、ひもでしばって回収日に出します。

4 ダンボールや雑誌をしばってまとめる

●幅を揃えるように折り曲げる

ダンボールのふたの部分のテープを剥がして、平たくつぶします。たたみやすい方向にして、同じような幅になるように一つずつ折り曲げて重ね、ひもでしばります。

●同じ位の大きさのものを揃える

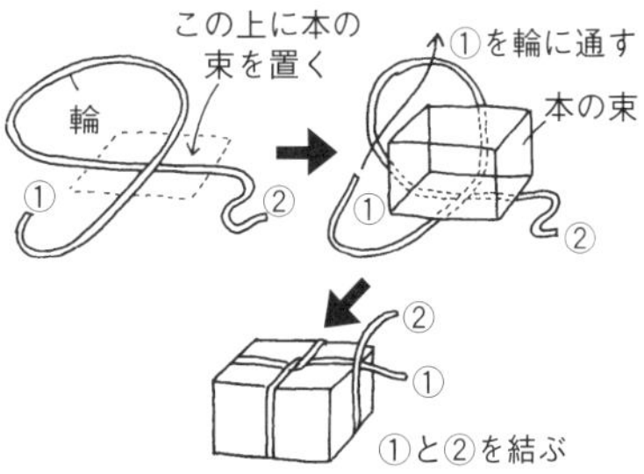
この上に本の
束を置く
輪
①
②
①を輪に通す
本の束
①
②
②
①
①と②を結ぶ

本や雑誌は、同じ位の大きさのものを集めて向きを揃えます。大きめのものを下にして重ね、束ねたものをひもで十文字にしばります。

5 有害ごみを分別する

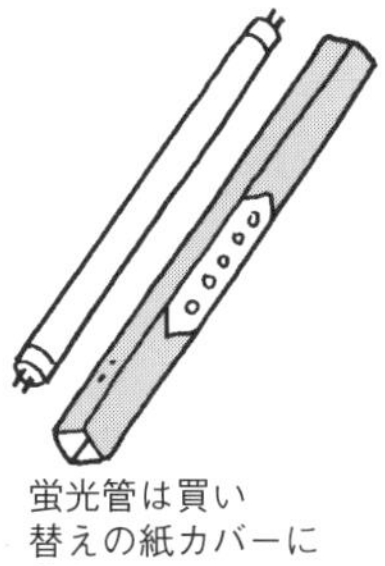

蛍光管は買い替えの紙カバーに入れる

有害ゴミ
電池
有害ゴミ
スプレー缶
有害ゴミ
ガスボンベ

乾電池、体温計、蛍光管、ガスボンベやスプレー缶のようなものは別々に分けて、それぞれを透明袋に「有害ごみ」と表示して、有害ごみの回収所に出します。

ポイント

<家庭で分別を習慣化する>

ごみの分別のしかたや出し方は、住んでいる地域によってルールが違う場合があります。とくに、ごみの分け方については、細かく定められているところから、資源物の回収がなかったり、可燃物と不燃物の区別も大まかであったりと実にさまざまです。

よくわからないことがある時は、居住する区市町村の役所（役場）に尋ねたり、清掃事務所から分別に関する資料をもらったりしておきます。環境について家族みんなで考え、そして日々実行していくように習慣化していくことが大切です。

45 お年寄りに喜んでもらう

アドバイス

　おじいちゃん、おばあちゃんと一緒に暮らしている場合は、その生活スタイルがわかりますから何をお手伝いしたらよいかわかりますが、そうでない場合は、なかなかむずかしいものです。おじいちゃんおばあちゃんの家に行ったり、自分の家に来た場合を想定してみます。

　まずお話することです。学校のこと、友だちのこと、習い事のことなど自分の身近なことを話します。また、おじいちゃん、おばあちゃんにいろいろ聞いてみることです。子ども時代のこと、お父さん、お母さんの子どもの頃のことなど。

　そこから、手助けになること、喜んでもらえることを考えていきます。孫たちがやってくれることはうれしいものだといいます。喜んでもらえれば、それが心を大きく広げてくれます。

1 おじいちゃん、おばあちゃんのお話を聞く

●「おじいちゃんはね……」

おじいちゃんの仕事や子ども時代のことについての話をしてもらいましょう。
そして、自分の学校のことや友だちのことを話しましょう。

●「お父さんの子どもの頃は……」

お父さんやお母さんの子どもの頃のことについて話してもらいましょう。
そうしたら、こんどは習い事やペットのことなどについて話しましょう。

2 おじいちゃん、おばあちゃんの肩をたたく

●強すぎず弱すぎず

どのくらいの強さがいいかお聞きします。
どこの部分がよいかお聞きします。
すぐやめないで、ちょっとがんばります。

●気持ちのよい場所は……

3 おじいちゃん、おばあちゃんにお茶を入れる

●お湯はすこしさましてから

お茶わんはお湯を入れて温めておきます。
お湯は少しさましてからきゅうすに注ぎます。

●お茶菓子も用意

お茶わんに少しずつお茶をいれます。
お菓子も何かみつくろってお皿にのせます。

●「お茶をどうぞ」

すわってさし出します。

4 お買い物に付き合う

お話しながら歩きましょう。

●カートを押す

おばあちゃんが選んだ品物をカートに入れます。

●荷物を持つ

重い荷物はしっかりお手伝いします。

5 お仕事を手伝う

●畑仕事をお手伝い

「お手伝いします」と積極的に申し出ましょう。
やり方を教わって、一生懸命やりましょう。
いろいろお話しながら作業します。

●台所を手伝う

㊻ 年上はちょっとつらい

アドバイス

弟や妹ができることはうれしい反面、両親の愛情をひとり占めできないさみしさや欲求不満が生じ、子どもが今までできていたことができなくなるという退行現象を惹起することもあります。

しかし、弟や妹に対しての興味や関心はたいへん強く持っているものです。「○○○ちゃんは、赤ちゃんだから何もできないの。お兄ちゃんはいろいろできるからお世話してね」と、年上である意識を持たせるようにしていきます。赤ちゃんのそばで一緒にあやしたり、「おしめはこうやって替えるのよ」と世話のしかたを教えていきます。本人がやりたがったらやらせ、うまくできないところは手を添えていきます。できたらほめてやりましょう。ほおずりやだっこをしてやるのもよいでしょう。

1 赤ちゃんをあやす

●ガラガラであやす

あまり顔に近づけないで、やさしくふります。
話しかけながらあやします。

●「イナイイナイ、バァー！」

話しかけながら、やさしく行ないます。
手を握ったり、ほっぺをさわったりします。

2 赤ちゃんに注意を払う

おもちゃで遊んだり、絵本を読んでいても、
赤ちゃんの様子に気を配ります。

3 おしめを換える

●おしめをはずす

やさしく、ていねいに拭きます。

●おしめをつける

おかあさんがやっているようにやってみます。
話しかけながらやります。

●「おしめ、換えてやったよ」

おかあさんに報告します。
汚れたおしめは所定の入れ物に。

4 弟・妹をお風呂に入れる

●衣服を脱がせる

脱いだ衣服は、決まった場所に置きます。

●からだを洗ってやる

お話しながら、やさしく洗います。

●湯舟に入れる

すべるので注意します。
しっかりへりにつかまるのを確かめてから手を離します。

●よく温まったら、湯舟から出してやる

歌を歌ったり、お話したり、数をかぞえたりします。

湯舟のへりにしっかりとつかまらせます。
体をしっかりつかまえて湯舟から出します。

●体を拭いてやる

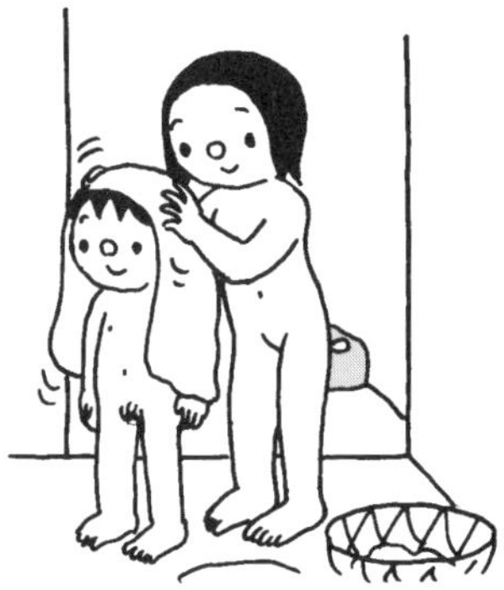

よく拭いて、パジャマなどを着せます。

47 パーティの準備

アドバイス

近頃、家族同士のつき合い、子どもの誕生会など、家庭でパーティを開く機会が多くなっているようです。パーティを主宰する側はホストとして、招待した方々（ゲスト）をもてなすことが役目となります。

家族同士のパーティでは、主宰する側の家の子どもは、お客さんのような存在になってしまいがちですが、子どもも家族の一員としてホスト役をつとめるのが望ましいはずです。子どもにもできる役割を与えることで、友だちを招待する時の自分の役割を理解するようになります。

いつもいつもお客さんの立場ではなく、ホストとしてお客さんをもてなす役割を果たすことで、他人に気配りをするマナーを学ぶよい生活体験になります。子どもたちも次第に人をもてなすコツが身に付いていきます。

1 招待状を出す

●「ぜひ、いらしてください」

親が作って、子どもが絵を書く欄を作ります。それだけでも子どもが参加した招待状になります。

少し成長したら、招待状を作るのを任せます。今の子はパソコンを器用に使って上手に作ることができます。

2 誕生日会の飾りつけをする

●楽しくすごすために

子どもが小さい時は、飾りつけを一緒に行ないます。折り紙一つでも、覚えたての一文字でも飾ってあると、みんないい気持ちになれます。

成長すると、自分で考えて飾りつけができます。材料を用意してやることが一番の手助けになります。見た目がどうかよりも自分で準備することが大事です。

3 お友だちを家に招く

●あいさつも、自分で

今日はよく
いらっしゃい
ました

プログラム

小さい子ども同士の場合は、大人の助けが必要です。あいさつなど大事なところはホスト役ができるように援助しましょう。

成長すると進行から料理を出す順番まで自分で考えて行ないます。大人は困った時に相談にのります。終わった後の満足感が大事です。

4 父の日・母の日にパーティを開く

●お母さんありがとう

母の日のパーティー
プログラム
プレゼント

パーティの手順がわかれば、自分でもできそうだという自信が持てます。必要なのは、相手をもてなしたいという気持ちです。

●父の日も忘れずに

お父さんありがとう

プレゼントや飾りつけ、ちょっとした料理などを用意します。そんなパーティが心がこもった何よりの贈り物となります。

5 ふだんのお手伝いの成果の見せ所

パーティの企画やホスト役をした生活体験は、家庭だけではなく、学校などのいろいろなお楽しみ会でも、役に立ちます。

ポイント

<もてなして、喜ばれ、自分も楽しむ>

家族の一員として、パーティでホストの役割を果たすためには、日常からのいろいろなお手伝いの体験が基礎になります。人を招いて行なう家でのパーティでは料理の準備や台所での調理・整理整頓や片づけ・ごみの処理・衣服のお手入れ・人へのきちんとした応対などなどが必要です。その意味では、お手伝いの応用力を試す機会とも言えます。

さらに、お手伝いをして、「人をもてなして、喜ばれて、自分も楽しむ」という人との関係づくりを学ぶにも良い機会になります。

48 季節の行事

アドバイス

家庭ではさまざまな年中行事や周年行事があります。その行事に子どもを関わらせることは、季節やしきたりや人間関係などを学んでいくうえでも大切なことです。

また、人間は一人でそこに存在するのではなく、血縁や文化の伝承の過程の中で生きていることを実感させるうえでも必要なことです。さまざまな行事を行なう中で、その方法や由来や大切さを話して聞かせたり、やり方を教えていったりします。

大きくなってからやらせるということではなく、小さいうちから面倒がらずに一緒に関わらせていきます。よく意味がわからなくてもお母さんと一緒に行なうことがポイントです。そうすれば大きくなってからも進んでやるようになりますし、任せることもできます。

1 お正月の用意をする

●大掃除

●おせち料理

きれいに並べます。

●しめ飾り

左右の高さを同じにします。風で飛ばされないようにしっかりしばります。

2 節分に豆まきする

●豆を炒る

火を強くしすぎないように。炒れたかどうか、食べてみます。

●お面を作る

●「鬼は外！」

大きな声で「福は内！」
部屋数を考えて、まく豆の量を調節します。歳の数だけ、豆を食べます。

3 節句の飾りつけをする

●箱を出す

入れ物が大きいので、注意して出しましょう。

●飾りつける

ひとつひとつていねいに取り出して飾ります。

●片づける

片づけも行事の内です。

4 七夕の飾りつけをする

●竹を用意する

引きずらないように持ち上げて運びます。車に気をつけます。

●願いごとを書く

サッカーがうまく
なりますように

●たんざくを飾る

全体にバランスよくいろいろなものを飾ります。

5 お墓参りにお供をする

●水を汲む

必要な分だけの水を汲みます。

●お墓を掃除する

○○家之墓

ごみを拾い、草むしりをします。花入れや茶わんをきれいにし、布でお墓を拭きます。

●お線香をあげる

お線香は横にして火をつけます。

49 街の中での手助け

アドバイス

大人でも街の中で障害を持ったかたと会った時には、何か手助けできることがあればという気持ちを自然に持ちます。なかなかできないのは、何となく恥ずかしいという気持ちと手助けのしかたがわからないからではないでしょうか。

子どもの場合は、恥ずかしいという気持ちよりも手助けのしかたがわからないということのほうが大きいと思います。ひと言で言えば、体験不足ということでしょうか。

社会福祉に関わる人に聞いたところでは、基本的には、障害があるなしは関係ないとのこと。困っている人に対して、まずは、「何かお手伝いしましょうか」と声をかけることだそうです。

家庭でも同じです。「何か手伝うことある？」そんな声かけが、家庭でも街の中でも自然にできる、そんな子どもに育てたいものです。

1 お年寄りに出会ったら

お年寄りに声をかけることは、子どもたちにとっては、家のおじいちゃんおばあちゃんに声をかけるようなもの。声かけの練習にもなります。

荷物を持ってあげたり、座席を譲ってあげたり、道案内をしてあげたり、いろいろできます。そんな体験の蓄積が次に生きていきます。

2 目の見えない人に出会ったら

目が不自由な人は、外では白い杖をついていることが多いものです。まずは声かけ、これが基本です。

道路の横断時、肩に手をおいてもらい先導します。

他にお手伝いできることはないか尋ねたり、「気をつけてください」と言葉をかけます。

3 耳の聞こえない人に出会ったら

●筆記具があれば、書いてもらうのも一つの方法

声かけは同じですが、耳の不自由なかたは、うまく話せないので、ていねいに聞いてあげることが大事です。

内容がわかったら、あとは心をこめてお手伝いをします。

●手話であいさつ

「こんにちは」

「さようなら」

こんな時、手話が少しでもわかると、心と心が通じます。手話にもチャレンジしましょう。

4 車いすの人に出会ったら

●前に回って声をかける

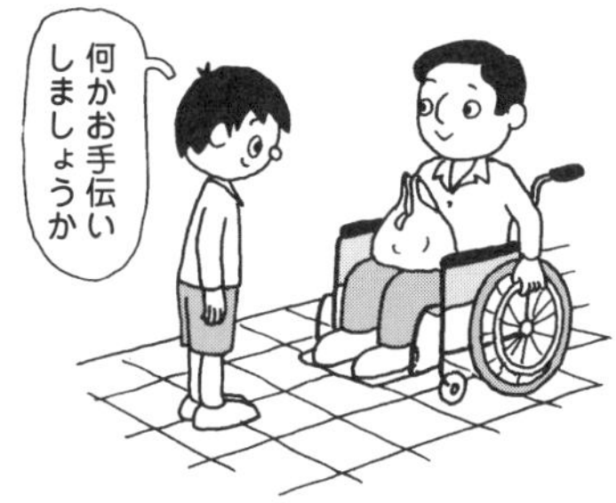
何かお手伝いしましょうか

●荷物を持つ

あそこの角を
右に曲がります

●周りに手助けを求める

どなたか手伝って
いただけませんか

車いすの人へは、前に回って声をかけます。後から、車いすを急に押したりすることは絶対にやめましょう。

車いすの操作には技術と力が必要です。小さな子どもの場合は、無理をしないで荷物を持ってあげるとか、周りの大人に手助けを呼びかけたりすることのほうがよいでしょう。

5 人の役に立つことはうれしいな！

どうも
ありがとう

ほかのお手伝い同様、何よりも大人が見本を示すことが大事です。子どもの心を育てるため、大人の恥ずかしさはちょっとおいて、さあ、やってみましょう。

ポイント

＜人に役立つことは、うれしいこと＞

以前、福祉教育の授業で目の不自由な人の体験をしたり、手助けのしかたを子どもに教えました。ある子が、目の不自由な人に出会って教えられた通りにやってみた時のことを作文に書いてきました。横断歩道を先導して渡り終え、「ありがとう」と言われた時、人の役に立つことは、こんなにうれしいことなんだとわかりましたと書いてありました。人への思いやりの心は、言葉だけではなくこんな体験を通して育つものです。

ただし、少々物騒な世の中なので、相手をよく見て声かけするように教えましょう。

かいせつ

現在の子どもたちの親世代にあたる年代の方は、子ども時代にそれなりにお手伝いをしていたのではないでしょうか。さらにその上の親世代は、各家庭で課せられたお手伝い（仕事）をやり、それが家族の中で重要な意味を持っていました。

現代では生活様式の変化、家庭と職場の分離、価値観の多様化、地域社会の変化など、さまざまな要因が絡み合い、子どもの家庭でのお手伝い（仕事）が消滅してしまった感があります。子どもにお手伝いをさせるということがむずかしい時代であるかもしれません。

以前、家事労働がわずかな道具を使った手仕事で行なわれていた時代には、子どもが関わるお手伝いがありましたが、便利な家庭電化製品などが家庭に入ってきて、家事労働における子どもの役割も様変わりしました。また、核家族における専業主婦という存在が子どものお手伝いの場を奪ってしまったとも言えるかもしれません。

「子どもは家族の一員」「家族として果たすべき役割がある」というよりも、教育の対象ととらえられる傾向が顕著になり、「子どもには勉強が仕事」と割り当てられ、家庭でお手伝いするという時間が奪われてしまったのではないでしょうか。

しかし、子どもにとって家庭や社会で行なうお手伝いの意義は、そのような社会状況の変化や、親の側の都合で解釈されていいものではありません。お手伝いは、子どもが成長し、社会生活を送るために不可欠な生活技術を身につけたり、温かい家族関係を構築したり、また、他人のために働く喜びを実感するためにきわめて教育的かつ人間的な営為なのです。

私たち幼児教育・学校教育に携わる者も含めて、お手伝いという役割を通じての子育ての重要性、家庭や社会における子どもの位置づけの重要性に気づくべき時期に来ているように思われてなりません。

少年犯罪の専門家によりますと、非行や犯罪に走る者は、子ども時代の生活リズムや生活習慣の乱れが指摘でき、また家庭でお手伝いをしたなどの体験は皆無であるといいます。家庭の中で積極的な役割を与えられず、真の意味での親子関係が構築されていない事例がよく報告されるのです。

今、お手伝いをどのように考え、どのように子どもに対処していったらよいのでしょうか。

◎お手伝いの効果

お手伝いにはさまざまな効果があげられます。

◇人として自立していくための過程

教育の道のりは人として一人前になること、自立への道のりです。親離れ、子離れの準備としても必要です。

◇家族の一員としての自覚の育成

家庭は家族全員で構成されているものです。誰が欠けても困るのです。一人ひとりが家族のために役立っているという意識は、社会性を育む基盤となります。

◇人から感謝されることによる充足感の獲得

人のために行動し、喜ばれることは、大きな充足感とともに自己の肯定的存在を認識し、自分に対する自信を持つことができます。他者との関係づくりにつながっていきます。

◇生活技術や技能の習得

さまざまな技術や技能が身に付き、それは自分への自信になります。技術や技能には、昔から継承されてきた工夫や知恵が濃縮されています。

◇継続的に行うことにより、耐える力を育成

毎日毎日、自分の分担を果たしていくことは根気がいるものです。ねばり強く我慢強い子どもが育成されます。

◎お手伝いの基本

お手伝いをしつける場合、次の基本を押さえることが必要です。

・小さいときから機会をとらえて、継続して行なうこと。

・本物の家事労働で、子どものできることを選んでやらせること。

・親が見本を示して、それを参考にやらせること。

・動機付けや評価をすること。

◎やりたいときがやらせ時

2、3歳になりますとお母さんがしていることを「僕もやりたい、お手伝いする」と、一緒にやりたがります。この時に「ありがとう。でもいいの、テレビでも見てらっしゃい」と、お手伝いしたいという子どもの気持ちをテレビに置き換えてしまうお母さんが多いようです。

せっかくお手伝いをしようと思っても、その気持ちを否定されてしまうと、「お母さんは、ぼくがお手伝いするよりも、テレビを見ているほうが好きなんだ」と、子どもの心にはインプットされてしまいます。子どもが大きくなってから、「テレビばかり見てないで、たまにはお手伝いでもしなさい」と言ってみても、そのときはもう手遅れです。

やりたがった時をとらえて、少々大変ですが、できそうなことをやらせましょう。ちょっとむずかしいことは一緒に手を添えてやらせます。そして「ありがとう、助かったわ」という言葉で結びます。

それがお手伝いのスタートです。「大きくなったら」「きちんとできるようになったら」

と機会を待っているのではなく、いつも機会をとらえて、どんな小さなことでも、小さい時からお手伝いさせ、子どもの生活の中にお手伝いを組み込んでいくことがポイントです。

◎お手伝いをさせることは親の手間も時間もかかる

小さい子どもにお手伝いをさせる、あるいは技術を必要とする作業をさせようとすると、大人の側にも手間や時間がかかるものです。うまくいかないことや、やり直しで二度手間になることもたびたびです。

しかし、子どもにとって「何かができるようになる」「新しい技術が身につく」という過程は、一気に実現することではなく、少しずつの積み重ねがあって初めて、実現するのです。お母さん方もそうしてさまざまな技術を身につけてきたはずです。

自分のそばに子どもを置いて、やり方をよく見せ、子どもにまねさせることが大切です。根気強く、ねばり強く、励ましながら少しずつできるようにさせていきます。そうすることによって本当にお手伝いができるようになり、お母さんも楽になります。

◎本物で正しいやり方を教える

家事の中には、火を使う、刃物を使う、薬剤を使うなどさまざまな危険性が潜んでいます。子どもの年齢や技術の程度を考慮して、その子にあったお手伝いを与える必要がありますが、そのやり方はきちんとした正しい方法で教えることが基本になります。包丁も小さいうちからきちんと使い方を指導すれば、幼児でも十分に使うことが可能です。正しいやり方を伝えることは、危険を回避させるうえからも大切なことです。

幼児向けに本物と同じように機能する洗濯機やアイロン、キッチン玩具などがありますが、そのような玩具を買い与えるよりも本物で、実際の家事の中でお手伝いをさせることが有効です。子どもにとって、おもちゃよりも本物の方が絶対面白いはずですし、危険を回避する知恵をつける点からも重要です。

◎いろいろなお手伝いをさせる

お手伝いをさせる場合、食器を片づける、風呂場を洗う、玄関を掃除するなど、その子の当番として継続的にやらせることが一般的に多いようです。もちろん、それはそれでよいのですが、お手伝いにもいろいろあります。それぞれのお手伝いをさせるねらいも違ってきます。

子どもを自立させるという観点からさまざまなお手伝いを体験させることが重要です。とくに日常の「生活技術・技能」を身につけさせるお手伝いをさせましょう。

食器を運ぶにしても、まずは自分の分を何回かに分けて運ぶ。次は自分の分を一度に運ぶ。次はお父さんの分も、次はお母さんの分も。最後はみんなの分を一度に運ぶというように、目標、段階を踏んでやらせてみましょう。みんなの分を一度に運ぶとなると、相当の工夫と力も必要になってきます。段階を踏むことで、子どもにも自分のできることが自覚できます。

そこまでできればそのお手伝いは合格。そして次へ進む、このようなやりかたもあります。

◎「ありがとう。助かったわ」の一言を

お手伝いは、人の手助けをすること、あるいは家庭・社会の構成員としての分担をはたすこと、みんなの役に立つことですから、それを受けた側はその好意に対して感謝の念を表わすことが大切です。

「ありがとう」「助かったわ」という一言は、子どもの心に温かいほのぼのとした満足感を与えます。「お母さんの役に立った」「みんなのためになった」「みんなに頼りにされている」という充足感は、自分自身の存在に大きな自信となってきます。

ですから、善意からであっても、子どものお手伝いをお金や物で代償しないことです。

◎すばらしい親子関係を

世の中全体に人間関係が希薄になり、人々は孤立化させられる傾向が進んでいます。人との関わり合いが苦手な子どもたち・若者が急増しています。社会や家庭環境もそれらに拍車をかけるような状況で、親子関係を上手に作っていくことがむずかしい時代でもあります。

家庭の中でお手伝いがスムーズになされているということは、親子関係・人間関係がうまくいっている証左にもなるでしょう。お手伝いを通してすばらしい親子関係を結んでください。この書がみなさんのお役に立てば幸いです。

村越　晃
（子ども研究所副代表）

さくいん

■子ども研究所（旧子どもの生活科学研究所）の紹介

1975年発足。幼稚園、保育所、小中高等学校、大学の教員や民間の研究所、児童館の職員、主婦などで構成され、「鉛筆の持ち方」「ぞうきんの絞り方」など、現代の子どもたちの諸々の実態を科学的に調査把握・分析し、子どもの生活のあり方を明らかにすることを、会の主な目的にしています。

日本保育学会、日本学校保健学会、日本教育心理学会、日本家政学会、日本家庭教育学会、日本青少年育成学会、財団法人小平記念会家庭教育研究所紀要、保育・教育系各種雑誌などをはじめ、新聞、テレビ、ラジオなどで精力的に研究成果を発表し、教育現場で役立つ情報、データを発信しています。

●行なっている調査研究項目

「身体名称の調査研究」
「魚介、野菜の名称調査研究」
「道具の選択と名称について」
「生活技術調査（Ⅰ～Ⅵ）」
「手の巧緻性の研究」
「足指の巧緻性の研究」
「箸の持ち方使い方に関する調査研究」
「箸の持ち方における母子の相関」
「箸の持ち方使い方と作業量との関係について」
「子どもの生活リズムの研究」
「基本的生活習慣の研究」
「子どもの持ち物に関する調査研究」
「子どもの物の価値観に関する研究」
「手伝いに関する研究」
「学校給食に関する親と教師の意識について」
「子どもの感覚に関する調査研究」
「間食に関する調査研究」
「いま子どもの手さばきは」（社団法人全国子ども会連合会委嘱研究）
「子ども会の安全教育に関する実態と役員の意識について」（同）
「子どもの成長に関する調査研究」（同）
「青少年の生きる力を育むための総合的調査研究」（文部科学省委嘱研究）など。

●著作物の紹介

『いま子どもの手さばきは』『調査の手引き』（以上、社団法人全国子ども会連合会）『手の操作遊びを育てる』『運動遊びを育てる』『子どもの生活技術シリーズみてみてできたよ（全5巻）』『おもしろ発見シリーズ（全5巻）』（以上、コレール社）『現代不器用っ子報告』（学陽書房）『なぜ不器用っ子はだめか』（明治図書）『イラスト版手のしごと』『イラスト版体のしごと』『イラスト版子どものマナー』『イラスト版学習のこつ』『イラスト版子どものお手伝い』（以上、合同出版）など多数。

●代表

谷田貝　公昭（目白大学名誉教授）
村越　晃（元目白大学教授）

●事務局

〒160-0014　東京都新宿区内藤町1-6　（株）一藝社気付
TEL 03（5312）8890

●編者

子ども研究所（旧子どもの生活科学研究所）

●監修者

谷田貝公昭（やたがい　まさあき）
1943年生。目白大学名誉教授
子ども研究所代表

村越　　晃（むらこし　あきら）
1943年生。元目白大学教授
子ども研究所副代表

●執筆者一覧（50音順）

青柳　正彦	戸田市立笹目小学校校長
五十嵐知里	主婦　元幼稚園教諭
岸　香緒利	千代田区立九段小学校主任教諭
高橋　弥生	目白大学人間学部子ども学科教授
高松　和彦	元武蔵野公立小学校校長
田中　広美	川口市立芝西小学校栄養教諭
村越　　晃	元目白大学教授
室矢　真弓	海老名市立中新田小学校総括教諭
谷田貝　円	聖心女子専門学校保育科教員
世取山紀子	栃木県下野市グリム保育園園長

●イラスト・深見春夫
●本文組版・プロート
●編集・高橋和子
●カバーデザイン・守谷義明＋六月舎

イラスト版 子どものお手伝い
子どもとマスターする49の生活技術

2004年11月10日　第1刷発行
2023年　3月10日　第7刷発行

編　集　子ども研究所
監修者　谷田貝公昭＋村越　晃
発行者　坂上美樹
発行所　合同出版株式会社
〒184-0001　東京都小金井市関野町1-6-10
電話 042-401-2930
振替 00180-9-65422
https://www.godo-shuppan.co.jp/
印刷・製本　新灯印刷株式会社

■刊行図書リストを無料贈呈いたします。
■落丁乱丁の際はお取替えいたします。

ISBN978-4-7726-0327-0　NDC384　257 × 182